写本で楽しむ

奇妙な中世ヨーロッパ

WEIRD MEDIEVAL GUYS

How to live, laugh, love (and die) in dark times

河出書房新社

Olivia Swarthout :
WEIRD MEDIEVAL GUYS

First published as WEIRD MEDIEVAL GUYS in 2023 by Square Peg, an imprint of Vintage. Vintage is part of the Penguin Random House group of companies.

Japanese translation rights arranged with Penguin Random House UK through Japan UNI Agency, Inc., Tokyo

本書に掲載されている画像や物語のほとんどは、500年から1500年前の写本に由来している。あらゆることを考慮すると、それは非常に長い時間である。本書で紹介されているアートワークはすべて204-206ページに引用されているが、4-5, 6, 8, 19-20, 198ページ（目次）の挿絵入り縁取りと、4、56, 77, 80, 84, 92, 94, 180の挿し絵は例外である。© sharpener/Shutterstock：5, 34, 50, 62, 88, 100, 180 © Net Vector/Shutterstock; 60, 64, 68, 74 © 123design/Shutterstock; 4-5, 17, 18, 22, 26, 30, 36, 38, 40, 42, 44, 48, 58, 66, 70, 72, 74, 78, 82, 86, 96, 102, 107, 109, 124, 130, 137, 156, 163, 172; 5, 55 @Helen Lane/ Shutterstock ; 4,13,18,21,35,40,42,49,97,122,140,142,178, 186, 207ページの木版画は、1493年に印刷された『ニュルンベルク年代記』から。

写本で楽しむ

奇妙な中世ヨーロッパ

WEIRD MEDIEVAL GUYS

How to live, laugh, love (and die) in dark times

オリビア・スウォーサウト
Olivia Swarthout

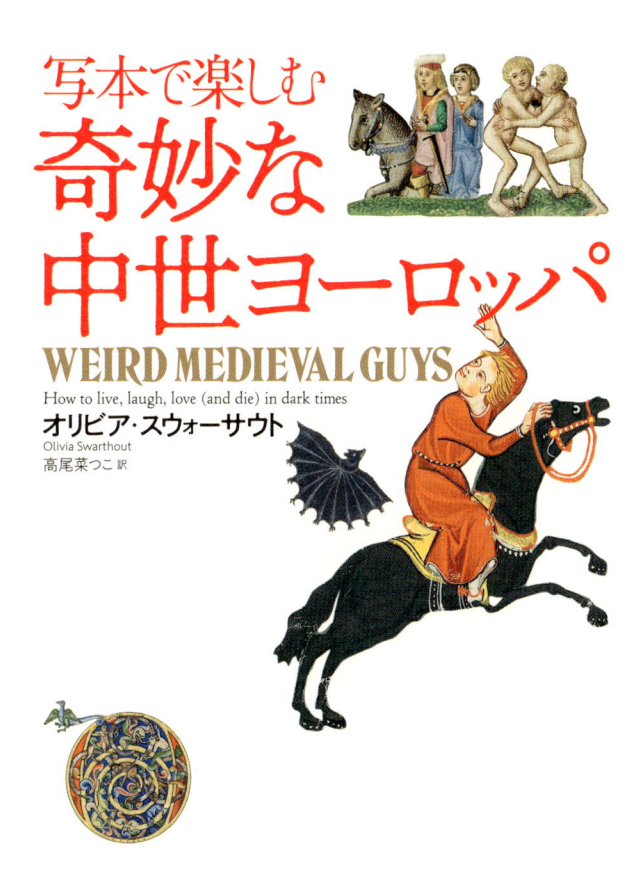

高尾菜つこ 訳

河出書房新社

目次

A NOTE FROM THE AUTHOR

著者からの言葉

本書の図版や物語のほとんどは、今から500年〜1500年まえにつくられた写本によるものである。どう考えても、ずいぶん昔の話だ。

実際、1000年まえの人々はどんなふうだったのだろうと思っても、ちょっと想像しづらいのではないだろうか。しかし、逆に当時の人々が1000年後の私たちのことを想像するとしたらどうだろう。彼らにはずいぶん奇妙に思えるに違いない。ピザのデリバリーなど思いもつかないし、30代の男女におけるオンライン・デートの危険性なんて意味もわからないはずだ。そもそも私たちが何世紀もまえのアートに触れられること、カブよりも軽い「電話」という機器から瞬時にメッセージを書き送れることなど考えもしなかっただろう。もし中世ヨーロッパへタイムスリップして、彼らの絵がいつか遠い未来に世界中の何十万という人々の目に触れることになると誰かに話したら、その人はきっと‘hwæt?’(なぬ)——古英語の‘what?’(なに)——と言ったに違いない。

2022年4月、私はこれまで正当な評価を受けてこなかった中世の写本やアートの世界に光が当たることを願って、「世にも奇妙な中世人（Weird Medieval Guys）」というツイッターのアカウントを開いた。昔の写字生と同じく、私も自分の作品が不特定多数の人々とのつながりをもたらすとは予想もしていなかった。ところが今、私のアカウントには何と50万人を超えるフォロワーがいるのだ。正直、最初は怖いような気がした。なぜなら私はちゃんとした歴史家ではないからだ。確かに歴史は好きだが、だからと言って歴史家になれるわけではない。でも、自分の知識をできるかぎり他者と分かち合おうとしたことで、たくさんのフォロワーが私と一緒に学んでくれるようになった。

とはいえ、私は中世の写本の挿し絵画家たちに作品を披露する舞台を用意しただけだ。彼らは自分の絵が広く公開されることを期待して描いたわけではない。当時、書物は大変貴重な品物で、読むことができるのはごく限られた人々、それを所有することができるのはさらに限られた人々だけだった。写本の中の絵はその本が開かれている間、読み手を啓発し、教育し、楽しませるために描かれたもので、いったん本が閉じられたら、次に開かれるまで人目に触れることはなかった。もちろん、高名な巨匠の絵にくらべればほんの落書きだが、写本の挿し絵はしばしばより人間的で、中世のマインドに生で触れるような感じがする。レンブラントの絵は確かに感動的だが、巨大なコウモリにパンチを食らわせている男を描いた13世紀のスケッチは、700年まえの人と笑いを共有させてくれるばかりか、ほんの一瞬、その人をリアルに感じさせてくれる。

私たちはそうした写本の絵の描き手ともはや話すことはできないが、私は「世にも奇妙な中世人」をつうじて彼らに発言の場を与えようとしてきた。本書はそうした努力の集大成にほかならない。歴史を語る資格などない私だが、中世に対する愛と敬意のすべてをこの本に注ぎ込んだ。ただし、本書で紹介する中世の物語は私個人とは関係ない——私は女性がじつはヘビだったとか、エジプトの戦士がワニに乗ってナイル川を下ったなどとは思っていない。また、本書は中世を無批判に紹介するものでもない。読者の皆さんは中世の人々と一緒に笑ってもいいし、彼らのことを笑ってもいい。大切なのは、これまで問題にされてこなかった数々の嘘や思い込みから解放されることなのだ。

さあ、21世紀の今からでも大丈夫！　思い込みは捨てよう。次のページからは私ではなく、世にも奇妙な中世人の声に耳を傾け、生き生きとした彼らの世界を感じてほしい。

IN THE BEGINNING

この世の始まり

この世の始まりは無だった——そこまでは私たちの多くが同意している。
話がややこしくなるのはそこからだ。
ともあれ、人類の物語は概して次のように始まった。

神は毎日、新しいものを創造された。

1日目

神は光と闇をつくられた。

2日目

神は天と雲をつくられた。

3日目

神は地と海と草木をつくられた。

4日目

神は太陽と月と星をつくられた。

5日目

神は海の生き物と空の生き物と昆虫をつくられた。

6日目

神は地上の生き物をつくられた。
そして何より重要なことに、神は自分にかたどって人をつくられ、
私たちに万物を与えられた
――まるで誕生日プレゼントのように。

7日目

神は安息された。

天地創造のあと、私たちは広大なエデンの園に多種多様な動物たちと共存することになった。ただ、神もそこまで手が回らなかったのか、多様な動物たちにそれぞれ名前を与えたのは人間だった。悪意も暴力もなく、金銭もなく、怒りも恥もない世界——そこはすべてがごくシンプルな世界だった。しかし、残念ながら長続きしなかった。してはいけないことをしてしまい、状況が一変したのだ。

以来、人間は何でも自力で解決しなければならなくなり、ときにはひどく苦労した。ともあれ、私たちは子供をつくり、その子供もまた子供をつくって、地上は人で覆われていった。罪を犯すこともあったが、善も行なったので、全体としてはバランスが取れていた。

神はそんな私たちとつながりを保ち、

最初の数千年間における劇的な展開

何度か私たちのもとを訪れた。
ただし、長居はしなかった。

楽園を追われた人間は死と税金から永遠に逃れられなくなったかもしれないが、そう悪いことばかりではない。何しろ神は自分にかたどって人をつくったのであり、自然界のすべてを私たちに与えたからだ。きっと神は、その無限の叡智によって、エデンの園の体制が長くは続かないと予想し、地上の創造物にあらゆる警告や教訓を潜ませておいて、私たちに見つけさせようとしたのだろう。実際、草木の育ち方から獣の生態にいたるまで、この世のすべてはそれを創造した神の知を反映している。人間は地上のほかの生き物より優れているが、だからと言って、私たちより劣ったものに学ぶところがないわけではない。なぜなら地を歩くものにも這うものにも、水に群がるものにも翼をもつものにも、人間と同じように善悪の両方がいるからだ。この世の道理を理解しようとする過程で、私たちは知識にもとづいて書物を記してきたかもしれない。しかし、その目的は読み手に知識を与えることではなく、ただインスピレーションを与えることだった。書物がそうした役目を果たしてきたことを願いたい。

「やがて神は万物を創造された。
だがそれは容易ではなく、少しずつやる必要があった」

THE WORLD
中世の世界

フィレンツェから見た紀元1490年の世界地図

SINVS
GANGETIC
CEANVS
NDICVS
ERIDIONAL

パート1

THE STRUGGLE: SURVIVING LIFE, LOVE AND DEATH

生と愛と死をめぐる闘い

生活編　愛情編　死亡編

LIFE

生活編

この世の始まりにおいて、人間が地上のすべて、自然界のすべて、生きとし生けるものすべてを与えられたことを思い出してほしい。今、その世界があなたの目のまえに広がっていて、扉が開かれるのを待っている。

ほとんどの人にとって人生は一度きりだ。だからこの機会に、生まれ変わったつもりで中世に飛び込んでみよう。さあ、奇妙な中世ライフの始まりだ！

中世へようこそ！

WHO WILL YOU BE?

あなたの名前は？

　中世を生きるとなったら、まず必要になるのがそれにふさわしい名前だろう。確かに、中世にはジョンとかマリアとかキャサリンとかいった呼び名が多かったが、せっかくならもう少しオシャレな名前がいいのではないだろうか。

　ファースト・ネーム（名）から始めよう。まず右の表であなたの生まれた日を示す番号の列を見る。次に男性名・女性名・汎用名の3つの欄から自分に一番似合いそうな名を選ぶ。名前が決まったら、さっそく中世の新しい自分に挨拶してみよう[1]！

1　男性にも女性にも使えるジェンダー・ニュートラルな名は中世ではきわめて稀で、ほとんどが男性用か女性用かのどちらかだった。そのため、汎用名の欄は名前としても十分使える中世の名詞や形容詞からなっている。

	男性名	女性名	汎用名
1	バートウィン	スワンヒルダ	ドリアン
2	バレリアン	イルミナータ	コロンバ
3	ワインゴッド	ヨランダ	ウルダー
4	ゼノビアス	ペレグリーナ	シニスター
5	ボグスラフ	シビル	スウィーブン
6	オデルハード	ヒルデガード	アゾープ
7	プロスペロー	アバ	ガリアード
8	クワイエトン	アドミランダ	ベルフェゴー
9	ラトボールド	オーロフィーナ	ジンジベア
10	シーボーン	グリゼルダ	ネダー
11	タンカード	クロチルダ	ニュート
12	ソーキル	レティス	スクエマス
13	ギャングウルフ	ガンドレッド	ストレンジリン
14	ガンバート	ミリセント	アゼダム
15	ガイ	ベアトリクス	アゾルモード
16	ヒュミリオサス	ウルフェバ	ワーナード
17	ドラゴミール	ウルフウィン	ダークリング
18	オド	ウィグフレッド	ドンジェラス
19	クリスピン	ボニッシマ	フランクリン
20	ボンジョン	ユーフロシン	ガンジ
21	エバーグリム	ハーバータ	ホスキン
22	ハーフダン	フリッグ	ルビン
23	ヘルムハード	モービダ	ガレラス
24	オスウェイン	ペトロニラ	ゼレン
25	ラスロブ	アマベル	ワングトゥース
26	ゴトボルダス	グリムバーグ	アーネストフル
27	サデアス	ジェロニマ	ボフェット
28	バルサザール	プリマベーラ	ラドワイズ
29	モールド	アポロニア	バレンタイン
30	マインゴッド	アグネス	エービス
31	マンウルフ	ボーバラ	ジョジアン

形容詞	名詞
Merke:Dark(暗い)	**Dastard**:Wretch(卑劣漢)、Vile fellow(悪党)
Od:Odd(風変わりな)	**Chere**:Face(顔)、Expression(表情)、Appearance(容姿)
Gryndel:Wrathful(怒りに満ちた)	**Botme**:Bottom(尻)
Moyst:Moist(湿った)	**Fet**:Feet(足)
Knokled:Knobbed(こぶのある)、Rugged(でこぼこの)	**Wytt**:Mind(頭脳)、Intelligence(知性)
Madde:Mad(気の狂った)、Insane(正気でない)	**Chorl**:Common man(庶民)
Addle:Rotten(腐った)	**Wyf**:Wife(妻)
Prest:Prompt(機敏な)、Quick(素早い)	**Housebonde**:Husband(夫)
Abhomynable:Abominable(忌まわしい)	**Shone**:Shoes(靴)
Wys:Wise(賢い)	**Nese**:Nose(鼻)
Myghty:Mighty(強大な)	**Gost**:Soul(魂)、Spirit(精神)
Onest:Trustworthy(信頼できる)	**Schrewe**:A wicked old woman(邪悪な老婆)
Greate:Great(偉大な)、Large(大きな)	**Boonyes**:Bones(骨)
Biwyled:Deluded(欺かれた)	**Wreche**:Vengeance(復讐)
Trewe:Honest(正直な)、Faithful(誠実な)	**Lemman**:Lover(恋人)
Ferly:Wonderful(素晴らしい)	**Huerte**:Heart(心)
Huly:Slow(のろまな)	**Carpyng**:Talking(会話)
Abd:Worshipper of(〜の崇拝者の)	

次にラスト・ネーム（姓）だが、じつは姓というのはつねに存在していたわけではない。実際、中世では姓をもたない人が多く、しかも男性の約3人に1人がジョンと呼ばれていた時代なので余計にややこしい。そこで登場するのがあだ名だ。あだ名はたいてい本人の容姿や態度や出自にちなんだニックネームだが、ほとんどの場合、本人が自分でつけるわけではない。仲間がその人にぴったりの名前を決めるのであって、本人に選択の余地はない。というわけで、中世の慣習に従って、信頼できる友人や同僚にあなたをもっともよく表していると思われる形容詞と名詞を左のリストから選んでもらおう。

選んだものを1語にまとめれば、あなたのあだ名のでき上がりだ。これにファースト・ネームをくっつければ、気分はすでに中世人！

MEDIEVAL SLANG: AN A–Z OF MIDDLE ENGLISH

中世のスラング：中英語のA to Z

名前が決まったところで、次は当時の言葉についても少し学んでおこう。
これらの語句をさりげなく使えば、たちまち中世英語のネイティブに思われるはず！

Againwend（英語、動詞）
退く

Besmut（英語、動詞）
汚す

Cucurbitarius（ラテン語、名詞）
ウリ好き

Dearworth（英語、形容詞）
貴重な、とても高価な

gadelings／同志の2人（ドイツ、15世紀）

Earming（英語、名詞）
みじめな存在

Fulgetrum（ラテン語、名詞）
稲光

Gadeling（英語、名詞）
同志、仲間、放浪者

Gileyspeke（英語、名詞）
ごまかし、錯覚

Glomben（英語、動詞）
浮かない表情をする、顔をしかめる

Graviloquus（ラテン語、名詞）
深刻そうに話す男性

Halophanta（ラテン語、名詞）
天才的な嘘つき

Inanimus（ラテン語、形容詞）
魂のない、生気のない

Jugulare Mortuos（ラテン語、動詞）
倒れた相手を蹴る、文字どおりには「死体の喉をかき切る」

Lingulaca（ラテン語、名詞）
おしゃべりな女性

Liversoon（英語、名詞）
食物、生計の手段

Magnalia（ラテン語、名詞）
驚くべきもの

Maleficus（ラテン語、名詞）
他者に害を及ぼす者

金曜の夜のmerobiba／酒豪女子 （24頁）

Merobiba（ラテン語、名詞）
酒豪の女性

Methful（英語、形容詞）
安らかな、静かな、控えめな

Noumbles（英語、名詞）
獣、とくに鹿の内臓

Obiurgatrix（ラテン語、名詞）
小言や非難が好きな女性

Orgulous（英語、形容詞）
ひどく高慢で横柄な

Overwerp（英語、動詞）
鍋が噴きこぼれる

Peekgoose（英語、名詞）
愚か者、間抜け

Philologus（ラテン語、名詞）
読書家

Proserpere（ラテン語、動詞）
ヘビのように這い回る

Scortor（ラテン語、動詞）
売春婦と一緒に過ごす

Sterilis Amator（ラテン語、名詞）
文無しの恋人

Wreker（英語、名詞）
報復する者

Wrakeful（英語、形容詞）
邪悪な

生まれながらのphilologus／読書家

「僕の音楽ってすごくmethful／安らかでしょう～♪」

YOUR HOROSCOPE
あなたの星座

中世では占星術が非常に重んじられ、天候や作物についてなど、
さまざまな自然現象を占うために用いられた。
また古くから、生まれたときの星の位置がその人の性格に影響を与えるともされてきた。

中世の星占いを見てみよう！

♈ 牡羊座 ♂
(3月21日〜4月19日)

エレメント:火
惑星:火星

あなたは勇敢だが、思っていることをすぐ口にするため、ひどく厄介な人物でもある。酒場ではしょっちゅう喧嘩をし、ほとんど負けたことがない。

♉ 牡牛座 ♀
(4月20日〜5月20日)

エレメント:土
惑星:金星

あなたは知的で有能な人物だが、いつも責任逃れの方法ばかり考えている。周囲からは呆れられ、何も期待されないが、それこそ本人の望むところである。

♊ 双子座 ☿
(5月21日〜6月21日)

エレメント:風
惑星:水星

あなたは大変な人気者で、敵はほとんどいない――と思っている。友人たちは誰も抜け駆けなどしないと言うが、これは抜け駆けしようとしている者の言葉にほかならない。

♋ 蟹座 ☾
(6月22日〜7月22日)

エレメント:水
惑星:月

あなたは非常に直感的で、神秘的なまでに鋭い洞察力をもつ人物だ。ただ、そうした性質はごく親しい友人以外には少々謎めいて見える。もちろん、本当に闇の魔力をもっているわけではない……はず。

♌ 獅子座 ☉
(7月23日〜8月22日)

エレメント:火
惑星:太陽

あなたは非常にうぬぼれが強く、いつも主役になりたがるため、しばしば仲間から疎んじられる。つねに愛と関心を求め、それがないと水切れした花のようにしおれてしまう。

♍ 乙女座 ☿
(8月23日〜9月22日)

エレメント:地
惑星:水星

あなたはひどく冷淡でよそよそしい人と思われがちだが、本当はそうでもなく、実際に友人も多い。ただ、そのほとんどは木や星や動物や本だが……。

♎ 天秤座 ♀
(9月23日〜10月23日)

エレメント:風
惑星:金星

あなたはとても優しく寛大な人物で、いつも相手の一番いいところを見ようとする。求愛の相手はつねに5人はいるが、けっして互いの存在に気づかせない。八方美人のあなたとしては、誰の機嫌も損ねたくないからだ。

♏ 蠍座 ♂
(10月24日〜11月21日)

エレメント:水
惑星:火星

あなたは敵ばかりか、友人に対しても威圧的なため、彼らはあなたを満足させようと必死だ。ところが本人はこれに気づかず、周囲の気遣いは自分の魅力のせいだと勘違いしている。

♐ 射手座 ♃
(11月22日〜12月21日)

エレメント:火
惑星:木星

あなたは真実と知識を重んじる人物で、大の議論好きだ。ただ、残念ながら、あなたと同じくらい賢くて見識のある相手を見つけるのは至難の業だ。

♑ 山羊座 ♄
(12月22日〜1月19日)

エレメント:地
惑星:土星

あなたは非常に道徳的で勤勉な人物だ。もし誰もがあなたのようなら、世の中はもっとよくなるだろう。人々がそれをわかっていながら認めようとしないのは、あなたの独りよがりに我慢できないからだ。

♒ 水瓶座 ♄
(1月20日〜2月18日)

エレメント:風
惑星:土星

あなたはそうでないという確かな証拠があるにもかかわらず、この世は善だと信じる愚かな楽天家だ。あなたの賢さは度を超していてかえって身のためにならず、いつか王になるか、道化になるかのどちらかだ。もし一度に両方になれるとすれば、それはあなたしかない。

♓ 魚座 ♃
(2月19日〜3月20日)

エレメント:水
惑星:木星

あなたは芸術的な心をもつ人物だ。その繊細で思慮深い性質ゆえに、音楽や絵画や詩の世界を追求すれば大成する。言い換えれば、カブ畑での重労働には1日も耐えられない。

YOUR PATRON SAINT
あなたの守護聖人

奇妙な中世ライフを送るあなたに導きを与えてくれるのは星だけではない。
どうにも困ったときに頼りになるのが、天からあなたを守ってくれる守護聖人だ。
人助けを専門とする彼らにはそれぞれ得意な守備範囲がある。
次の守護聖人たちの中にあなたの興味を引く人物はいるだろうか。

1. 聖アマンドゥス

**ワインやビールの醸造者、
居酒屋の主人の守護聖人**

客が泥酔して
閉店時間になっても帰らない？
アマンドゥスの出番だ！

2. 聖アルビヌス

**海賊の襲撃から守ってくれる
守護聖人**

「私に感謝など必要ありませんよ、
皆さん。あなたたちのような善人が
海賊に殺されずに済んだこと、
それ自体がご褒美ですから」

3. 聖ドロゴ

醜い人間と羊飼いの守護聖人

美しさなど
表面的なものにすぎない……はず。

4. 聖ジータ

なくした鍵の守護聖人

何だ、
ずっと私のポケットに入ってたのか！

5. パドバの聖アントニオ

**紛失物や行方不明者、迷える魂、
恋人探しの守護聖人**

あまり熱心に祈りすぎると、
余計なもの
――ドラゴンとか――
まで見つかるかも……。

6. 聖スウィザン

天気の守護聖人

「誰かがこうなるように
祈っているに違いない」

7. 聖ギヌフォール

**幼い子供たちの守護聖人で、
聖人として崇められてきた唯一の犬**

しかも非常に元気なオスだった。

8. 聖ゲネシウス

道化や喜劇役者の守護聖人

「冗談で言ってるんじゃない、
私にはほんとに守護聖人がいるんだ！」

9. 聖ドニ

恐水病から守ってくれる守護聖人

「ちょっとドニ、
ほんとにこれで
私の水恐怖症が克服されるの？」

10. 聖カンタン

咳やくしゃみから守ってくれる守護聖人

声がガラガラ？
そんなときこそ聖カンタン。

11. 聖バルバラ

火と稲妻、爆発の守護聖人

火は正義と復讐に最適なものだが、
パンを焼くにはもっと最適だ。

12. 聖バシリウス

悪魔払いの守護聖人

バシリウスが祈りに
応えてくれないときは、
自分で悪魔を叩き出してやろう。

WHERE WILL YOU LIVE?

あなたの住まいは？

基本的なことが決まったら、いよいよ中世ライフに乗り出すときだ。
では、どこで新生活をスタートさせるか。次の質問に答えれば、
あなたが中世のどの街に向いているかがわかる。さあ、冒険の始まりだ！

もし何か動物の能力をもてるとしたら、どれを選ぶ?

A. 首をうしろに回せるフクロウの能力

B. ドングリを生で食べられるブタの能力

C. 粘液を分泌するカタツムリの能力

D. 冬の間ずっと池の中で冬眠するカエルの能力

友情の力を信じる?

A. 友のほとんどは敵でもある。

B. 友情のおかげで、数々の苦難を乗り越えられた。

C. 友情なんてバカげている。

D. 友情は永遠だ!

恋人にはどんな相手を望む?

A. 私を守り、安心させてくれる人

B. 奇癖も含めて私を愛してくれる人

C. 博識で教養のある人

D. 洗練された文化人で社交的な人

もっともよく犯す罪は何?

A. 運転中にとろとろ走っている車を見るとカッとなる。

B. 運の悪い日にみだりに神の名を口にする。

C. ひそかにジェフの奥さんをいい女だと思っている。

D. キジ肉のパイのおかわりをどうしても断れない。

どのくらいの頻度で祈る?

A. 今この瞬間も祈っている。

B. これまでの人生で少なくとも一度は祈ったことがある。

C. 毎週、教会で祈っている。

D. 何か願い事があるときしか祈らない。

それでは結果を集計してみよう!

Aが一番多かった人：あなたはコンスタンティノープル向き! 詳細は36ページへ。

Bが一番多かった人：荷物をまとめてロンドンへ! 詳細は38ページへ。

Cが一番多かった人：あなたは根っからのパリジャン! 詳細は40ページへ。

Dが一番多かった人：あなたにはヴェネツィアがぴったり! 詳細は42ページへ。

ANATOMY OF CONSTANTINOPLE

コンスタンティノープルの詳細情報

国:ビザンツ帝国　年代:1450年　人口:約50000人

《ビザンツ・タイムズ》

戦車レースから一転、暴徒が街を焼き尽くす

562年3月8日

ビザンツ帝国の人々は大の戦車レース好きで、誰もがひいきのチームを熱狂的に応援しているが、今回はそうした応援が過熱して悲劇を招いた。接戦となったレースのあと、両チームのファンの間で争いが勃発。暴徒と化した彼らは数日間に何千人もの命を奪い、街の大部分を焼失させたうえ、宮殿を包囲した。現在、暴動は軍によって鎮圧されたが、最終的な死者数は約3万人にのぼった。この恐るべき悲劇で愛する者を失った人々にお悔やみを。

1. コンスタンティノープルの城壁は難攻不落で知られ、十字軍の攻撃を許したのは何世紀もの間に数回だけ。ここなら絶対安心だ!

2. ヒッポドロームは戦車レースが行なわれる有名な円形競技場で、娯楽の拠点。

3. ハギア・ソフィアは世界最大のモスクであり、世界最悪の祈りの場などではない!

4. 宮殿はヒッポドロームに隣接しており、立地は最高。

5.「乙女の塔」という呼び名は、ある王女がそこで亡くなったという伝説に由来する。

6. ペラはコンスタンティノープルのヨーロッパ側の地域。

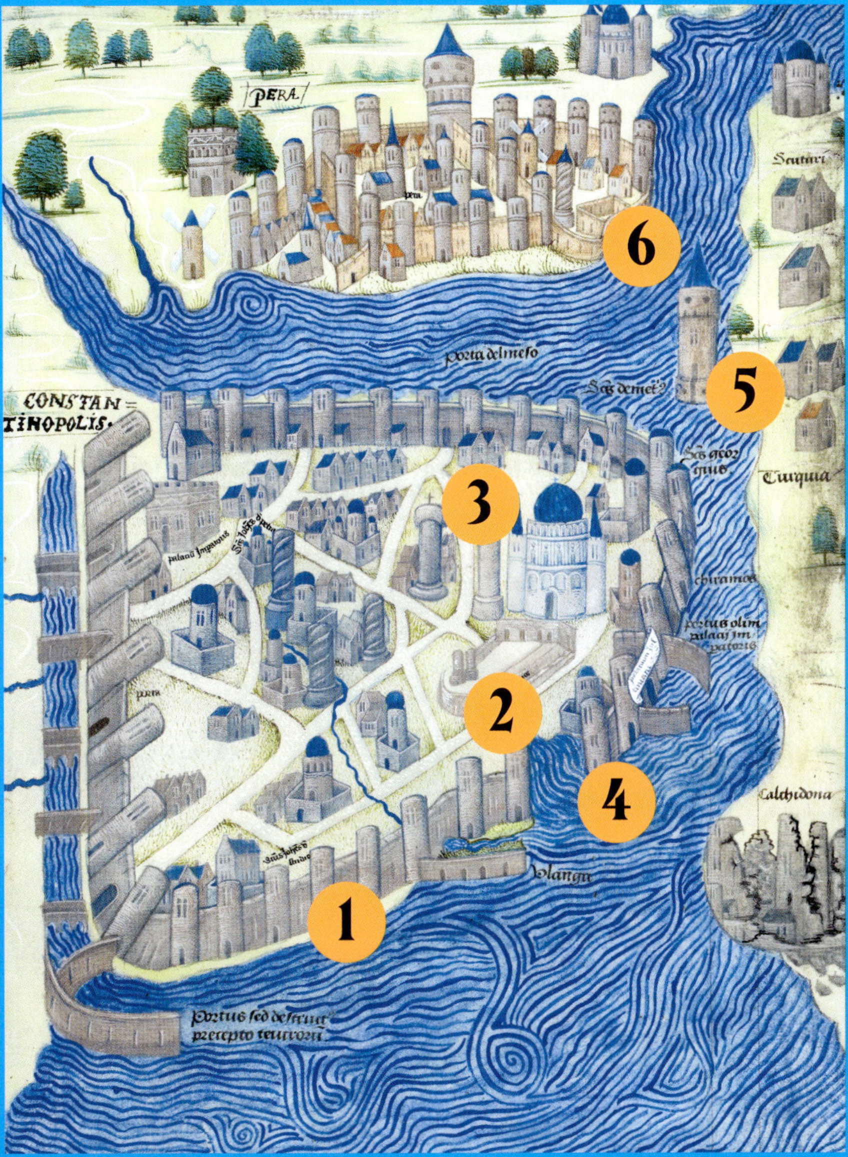
PERA
CONSTAN=
TINOPOLIS.
Scutari
Turquia
Calchidona
1
2
3
4
5
6

ANATOMY OF LONDON
ロンドンの詳細情報

国:イングランド　年代:1415年　人口:約50000人

《デイリー・ロンディニウム》

1101年2月3日

ラナルフ・フランバード司教はロンドン塔へ最初に投獄された囚人だった。その投獄から半年後の今日、彼はロンドン塔を脱獄した最初の囚人となり、現在も逃走を続けている。目下、衛兵が行方を捜索中。見かけた者は各地の州長官に通報のこと。

死亡記事:ロジャー・スタイワード

1326年8月8日

ウナギ商人のロジャー・スタイワードという男性が死亡。ある2人の商人の店のまえにウナギの皮を詰めたバケツをぶちまけたところ、飛び出してきた店の奉公人に暴行され、直後に絶命した。

1. テムズ川はロンドンの重要な水路であり、ごみや下水の主要な処分場でもある。

2. 当時のロンドン橋。賃料を維持費にするため、橋の上にも住宅が建てられた。

3. ロンドン塔は1100年代以降、要塞、監獄、城、そして君主のうぬぼれの象徴だった。何か反逆行為——君主の気に入らないこと——を犯せば、内部を簡単に見学できる。

4. ロンドン塔への入り口である「反逆者の門」には舟でしかアクセスできない(ときには反逆者でない人にも利用される)。

5. ロンドン市民の多くは木と藁でできた共同住宅の狭い部屋に住んでいるが、そうした建物はちょっとした火の粉でもすぐ火災につながる。

2
5
3
4
1

ANATOMY OF PARIS

パリの詳細情報

国:フランス　年代:1450年　人口:約15万人

《ジ・オリフラム》氷とオオカミの再来

1338年12月18日

セーヌ川の凍結により、パリ郊外から再びオオカミが氷を渡って街へ侵入。死体が掘り出される、貧乏人が襲われるなどの事件が続発している。万一オオカミを目撃した場合は、気づかれないうちにすぐ裸になること。その他のオオカミ対策については「寓話の中の生き物」の112ページ（オオカミの項）を参照。

1. パリ最大の水路であるセーヌ川は、飲み水の主要な供給源であると同時に、この街の下水の受け皿でもある。何と便利な川だろう！

2. サン・ミシェル橋はロンドン橋と同じく、橋の上にも店や住宅が立ち並んでいるため、不動産投資のチャンスは2倍。

3. ノートルダム。これ以上パリらしい建物はほかにない。この時点で300歳近いが、とても150歳を超えているようには見えない。

4. パリジャンという名の悪魔たち。

3
2
1
4

ANATOMY OF VENICE
ヴェネツィアの詳細情報

国:ヴェネツィア共和国　年代:1500年　人口:約10万人

《ザ・デイリー・ゴンドリア》

新たな統治者を選ぶための新たな規定

1268年4月24日

総督（ドージェ）選挙における不正防止のため、ヴェネツィア共和国大評議会は統治者の選出に新たな仕組みを制定した。選挙人は評議会によって選ばれるのではなく、次のようなプロセスを経て選出される。

まず抽選によって選ばれた大評議会のメンバー30名がくじ引きによって9名に絞られる。

次にこの9名が40名を選出し、その40名がくじ引きによって12名に絞られ、この12名が新たに25名を選出する。

さらにこの25名が同じくくじ引きによって9名に絞られ、その9名が45名を選出する。

選ばれた45名が再度くじ引きによって11名まで絞られる。

絞り込まれた11名が最終的に総督を決める41名を選任する。

1. サン・マルコ広場はコンスタンティノープルから略奪してきた大理石と円柱で飾られた広場。住むには不向きかも。

2. 水が苦手でないといいが、ヴェネツィアには運河が150以上もある。ただし、運河が氾濫して街を水浸しにするのは年に1、2度なので、心配無用。

3. 高級志向のヴェネツィアには、上質な織物や絵画といった贅沢品が世界中から運ばれてくる。

4. ヴェネツィアには王も女王も皇帝もいない。代わりに、人々は貴族によって民主的に選ばれた終身制の総督に忠誠を誓う。

3
2
1
4

WORK
仕事

誰でも仕事はしなければばならない。中世の人々はたいてい死ぬまで同じ仕事を続け、
その仕事を子供に伝え、子供もまた死ぬまで同じ仕事を続けた。
もし親がヒルの採取人だったり下水の清掃人だったりすると
少々厄介だが、それもまた重要な仕事に変わりはない。

帽子好きなら聖職者がオススメ。

兵士は王国を守り、
厄介な庶民を抑え込むのに必須。

鍛冶屋は道具や蹄鉄、
赤ん坊などをつくる重要な仕事。

クリエイティブな人なら
プロの道化師にもなれる。

人付き合いが苦手？
だったら学者になろう！

もちろん、芸術は高尚な営みだ。

トンスラ頭が似合いそうなら、修道士もいい。

動物のしつけも重要な仕事――でないとあの雌鶏に襲われる。

WHAT WILL YOUR JOB BE?

あなたの職は？

幼少期を無事に生き延びたら、やがて職に就くことになる。
あなたはどんな仕事をしてその後の人生を過ごすのか。次の質問に答えて参考にしよう。

大変だ！　バイキングの襲撃で村が焼き尽くされようとしている。今すぐ避難が必要で、荷物をまとめる時間はない。あなたは何を持っていく？

A. 気を紛らわせるための叙事詩の本。
B. 空腹を満たすためのチーズとライ麦パン。
C. 励まし合うための親しい友人。
D. 何も。すべて焼き尽くさせる。

あなたが人生でもっとも高く評価するのはどんな人々？

A. 自分と同じようなことに興味をもち、奥深い話ができる人々。
B. 自分のお気に入りの人々。
C. 勤勉で自分に刺激を与えてくれる人々。
D. 自分の空間とプライバシーを尊重してくれる人々。

あなたの長所のうち、仲間を感服させ、敵を嫉妬させそうなものは何？

A. 確固たる倫理観をもち、神に誓ってそれを破らないところ。

B. 周囲の人々を非難しない、とくに罪人や売春婦を非難しないところ。

C. かみそりのように鋭い直感をもち、いつもライバルより一歩先を行くところ。

D. 信頼できる相談役として、悩める人々につねに賢明な助言を与えられるところ。

あなたは店でパンを買って出てきたが、袋の中を見ると、代金を払ったにもかかわらず、ロールパンが1つ足りない。あなたはどうする？

A. 店に戻って事情を話す。

B. すぐにロールパンを1つ食べ、2つ足りないと言って店に文句を言う——当然の報いだ！

C. 何も言わず、次からは別の店へ行く。

D. その店はきっと経営に必死で、少しでも利益を上げようとしたとしても責められない。だから店に戻って買ったパンを返し、代金も取っておくように言う。

仕事が休みの祝日、あなたはどう過ごす？

A. 道化やパントマイムを見物する。

B. みんなでお祝いのケーキを食べる。

C. 居酒屋でビールを浴びるように飲む。

D. 安らぎと静けさを堪能する。

それでは結果を集計してみよう！

Aが一番多かった人：あなたは生まれながらの写字生！

Bが一番多かった人：あなたは豚飼いになる運命！

Cが一番多かった人：あなたは居酒屋の主人にうってつけ！

Dが一番多かった人：あなたは隠修士にぴったり！——世俗の娯楽よりも思索や人助けに時間を使うべき！

PLAY
遊び

そんなに心配しなくても、お楽しみの時間だってちゃんとある。
日曜日は休みだし、祝日も40日は期待できる——
イースターやクリスマス、聖燭節(せいしょくせつ)、五旬節(ごじゅんせつ)、昇天日、御公現(ごこうげん)の祝日、
諸聖人の祝日、聖母被昇天、聖体の祝日、聖心の祝日などなど！
それに日没後は仕事ができない（ろうそくの灯で畑を耕すなんてムリ）ので、
暗くなったらさっさと帰り、仲間とエールで一杯やっても責める人はいない。

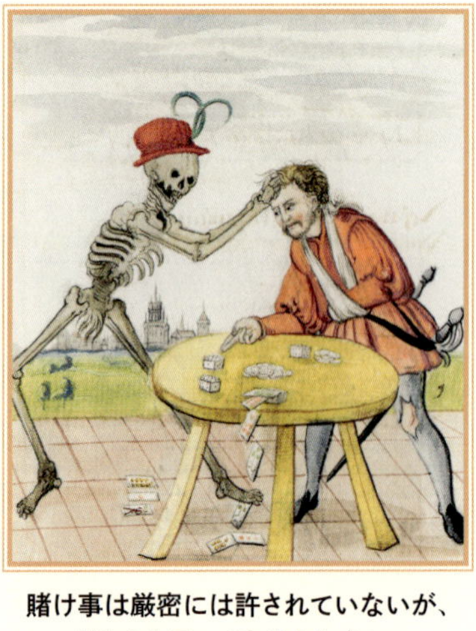

賭け事は厳密には許されていないが、
だからと言ってやめられない。

貴族の身分なら、馬上槍試合も楽しめる。

リラックスしたいなら、とにかく一杯やろう。

イヌだって音楽が大好き。

ただし、ラッパはNG。
イヌはラッパの音が大嫌い。

ミミズにも弦の音色がわかるらしい。

サルとチェスをするときはご用心
——ズルをするので有名だ。

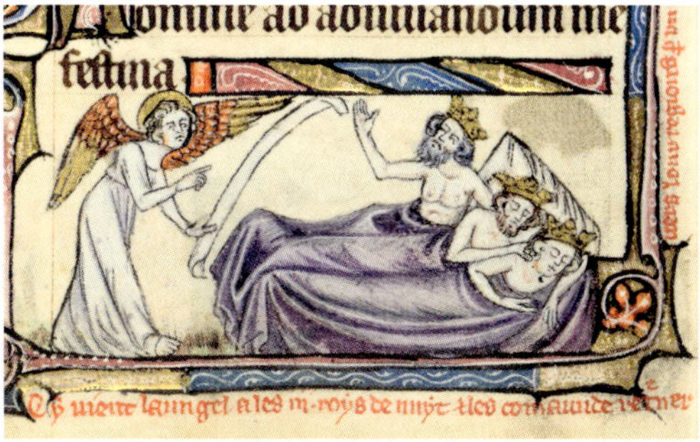

それでもダメなら、1人でふて寝か、仲間と添い寝。

愉快なダンスでみんなをあっと言わせよう。

LOVE

愛情編

ここまで来たということは、あなたはまだ生きているというわけだ。よくやった。ただ、誰か特別なお相手がいれば、新生活はもっと楽しくなるはず。確かに愛はそれなりの苦痛を伴うが、それでも人間は誰かを愛さずにいられない。はっきりとはわからないが、愛には人生に必要な何かがある——それとも、私たちはただみずから苦痛を招くのが好きなのか[1]……。

いずれにせよ、人生に愛は不可欠であることを忘れてはならない。なぜなら愛だけが、打ち砕かれた魂と孤独な死からあなたを救ってくれるから——中世では死、それも早死にの確率が驚くほど高い（詳しくはあとで）。少しでも人生を価値あるものにするために、積極的に恋愛を楽しもう！

1　あるいはフェロモンのせいかもしれないが、神でもない私にわかるわけがない。それに科学はまだ萌芽期だ。

THE GENTLEMAN: ANATOMY OF THE IDEAL SUITOR

モテる男のファッション・ポイント

世の男性は大変だ。
罪深き妖婦たちが大勢いる中から何とか貞淑な女性を見つけても、
立派な容姿と礼儀正しさで彼女のハートを射止めるのは、やはり男の仕事だからだ。

**意中の女性を
振り向かせるための
ポイントを紹介しよう。**

1.

髪は輝くようなブロンドが理想、オシャレなマッシュルーム・カットならなおよし。

2.

肌は女性ほど色白である必要はないが、日焼けのしすぎは禁物。このちっぽけな地球では太陽に近づきすぎると身を滅ぼす。

3.

ウプランド〔59ページ〕は必須——ただし、膝丈のものを。鮮やかな赤色の生地なら、たくましく健康的で立派に見えるはず。さらに裏地を毛皮にすれば、そのコントラストが目を引き、「まぁ、あの方はご自分であれだけのイタチを仕留めたのかしら?」と宮廷の女性たちに感心されること間違いなし。

4.

短剣はつねに携帯。いつなんどき敵(もしくはイタチ)を刺すことになるかわからない。

5.

狩りや乗馬や運動によって引き締まったふくらはぎを手に入れるのは結構だが、そればかり強調させないこと。体は鍛えているが、祈りや瞑想にもたっぷり時間をかけているという余裕を見せよう。

6.

足元も抜かりなく——ふくらはぎの形がくっきり見えるようなウールのタイツがオススメ。左右で色を変えれば、自慢の脚にいっそう注目が集まる。誰かに宮廷の道化師みたいと言われたら、ブスッと刺してやろう。

THE LADY: ANATOMY OF A SUITRESS

モテる女のファッション・ポイント

貧乏でも裕福でも、女性はつねに
美しくあることを最優先にすべきだ。
美しさは女性が自分の価値を
アピールできる強力な手段の一つ。
さあ、次のポイントを押さえて
モテる女になろう！

1.

エナン——針金に布を張ってつくられた高さのある頭飾り——は必須アイテム。

2.

広い額ほど女性らしいものはない！（美のアドバイス：もともと額が狭い人は、額の毛を抜くか剃るかすれば2、3cm広げられる）

3.

顔の毛はできるだけ少なく。（美のアドバイス：眉毛は間引いて薄くするか、すべて抜いたほうがより若々しい表情に）

4.

楚々とした印象を与えるには、ほっそりした鼻にとがった顎、小さな口と耳、そして大きな目が理想。「触れなば落ちん」という感じで、はかなげに見せよう。（男はそういうタイプにそそられる……はず）

5.

白くなめらかな美肌を保つのに日焼けは禁物。シミやそばかす、ニキビ跡といった肌の不純は心の不純のしるし。あるいは天然痘のしるしかも……。いずれにせよNGだ。

6.

高価なブルーのウプランド——袖口がゆったりと流れるように広がった丈の長いガウン——で社会的地位の高さを示そう。

7.

裏地は白がオススメ。

HOT MEDIEVAL SINGLES IN YOUR AREA
素敵な独身者との出会い

トンスラ頭のハンサムな修道士

先週、あなたがあの颯爽とした茶色のローブ姿で朝の祈りのために修道院（abbey）へ歩いていくのを見たとき、私は長い夜を男性ばかりで過ごすのはさぞ寂しかろうと思わずにいられませんでした。あなたが神への奉仕を誓ったことは存じていますが、それよりも私たちが互いに愛を誓うことはできないのでしょうか？　――eのつかないアビー（Abby）より

求ム優男（やさおとこ）

36歳、未亡人。私と6匹のネコに快適な暮らしを提供してくれる裕福な男性を求めています。百姓男の世話をさせられるのはもうウンザリです。土地持ちで、その扱い方を心得ている本物の紳士を希望。読み書きのできる――私の愛読書は『ベオウルフ』――ネコ好きの方。

馬上槍試合の魅力的な貴婦人

あなたのところの騎士が1回戦で落馬したのを見て、私たちの目が一瞬合ったとき、あなたは「こんなことでは困るわ」と言わんばかりに首を横に振りました。実際、あの男の戦いぶりはひどく情けないもので、私はあなたがもっと優秀な槍騎兵を求めているのではないかと思いました。あなたのような若くて美しい女性には有能な剣士が必要です。私は馬から落ちたくはありませんが、あなたとの恋にならぜひ落ちたいものです——あなたのランスロットより

愛の奪還を目指す元十字軍兵士

独身男性、中年（21歳）。旅行経験豊富で、熱烈な神の信奉者。聖地から戻ったところ、玄関ドアの蝶番が外されており、妻が隣の鍛冶屋の男と同棲していたことが判明。大変なショックでしたが、今は別の女性と新たな一歩を踏み出せればと考えています。信心深くて献身的な女性、さらに私がつねに見張っていられるように次の遠征へ同行してくれる女性を希望します。ふしだらな浮気女は問い合わせ不要。

THE FIVE STAGES OF WOOING
求愛の5ステップ

ひと口に愛と言っても、
自分がどんな種類の愛を求めているかについて考えたことがあるだろうか?
ないという人がほとんどだろう。
そう、愛はどれも同じというわけではない。

上流階級の人間とされる立場なら、求愛から結婚までのプロセスはこうだ。

1.
見極める

知恵と眼識を働かせて理想の恋人候補を見極める、あるいは50人の村人の中からもっとも好ましい人物を選び出す。場合によっては、親や領主の承認が必要。

2.
言い寄る

生まれもった魅力と品格を総動員する、あるいは次のページのアドバイスに従う。

3.
接触する

ついに求愛が報われ、ようやく一緒になれる！　今こそ相手を褒めそやし、夢中にさせ、初めてのキスでうっとりさせよう。ただし、キスはなるべく控えめに。エスカレートすると……。

4.
結婚する

関係を正式なものにするときだ！　指輪と誓いを交わし、存分に飲んで踊ったら、いよいよ待ちに待った床入りだ。もちろん、結婚までちゃんと待ったはず。

5.
その他いろいろ

その後の関係がどうなるかはあなた次第だ。愛し合うか、憎み合うか、子供をつくるか、浮気をするか、相手を魔女だと告発するか——選択肢はいろいろある！

SHOULD YOU COURT THE GIRL?

あの人に求愛するべき?

関係を進めるべきかどうか迷っている? そんなあなたに便利なガイドを紹介しよう!

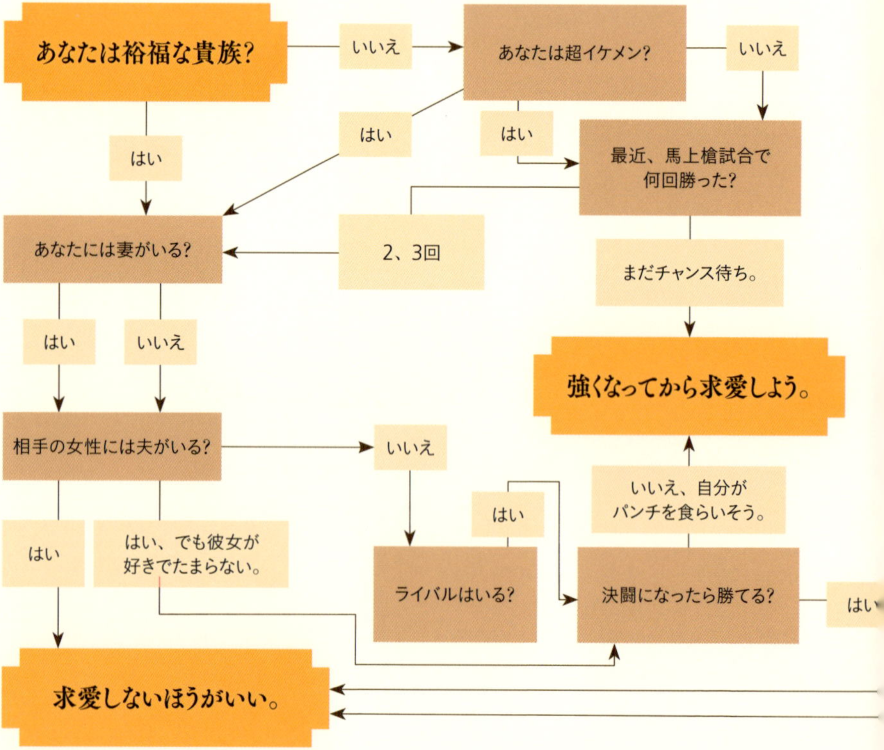

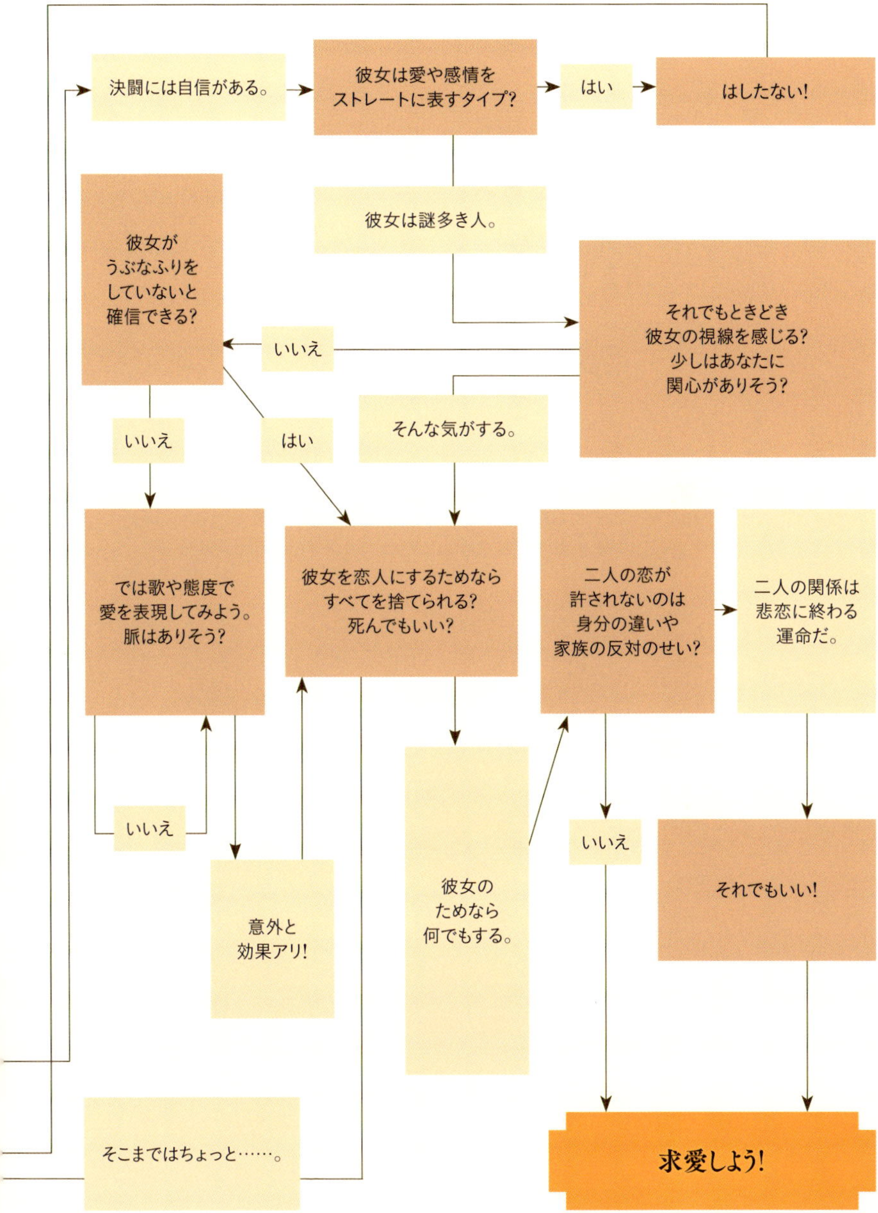
決闘には自信がある。
彼女は愛や感情を
ストレートに表すタイプ？
はい
はしたない！
彼女は謎多き人。
それでもときどき
彼女の視線を感じる？
少しはあなたに
関心がありそう？
いいえ
彼女が
うぶなふりを
していないと
確信できる？
いいえ
はい
そんな気がする。
では歌や態度で
愛を表現してみよう。
脈はありそう？
彼女を恋人にするためなら
すべてを捨てられる？
死んでもいい？
二人の恋が
許されないのは
身分の違いや
家族の反対のせい？
二人の関係は
悲恋に終わる
運命だ。
いいえ
意外と
効果アリ！
彼女の
ためなら
何でもする。
いいえ
それでもいい！
そこまではちょっと……。
求愛しよう！

WHAT'S IN A KISS?

キスの意味

中世ではキスは夫婦だけのものではなく、さまざまな意味をもっていた。
挨拶であったり、敬意であったり、取引の承認であったり
——いずれも軽くキスするには絶好のチャンスだ。
ここでは中世の旅の途中で遭遇するかもしれないキスをいくつか紹介しよう。

女性が手仕事をしているときにキスするのはマナー違反。

天使にキスされるのはあなたが
善き行ないをしたから。
天使はただではキスしない。

停戦協定後に敵にキスするのは、
ロイヤル･ウエディングが近いから？

裏切った相手にキスする者は
世界中から悪党と呼ばれる。

上司の足にキスするのは
忠実な僕（しもべ）の証。

MAKE A LOVE POTION
媚薬をつくるには

意中の女性がどうしても振り向いてくれないときは、思い切って別の手段を試してみよう。
恋の媚薬さえあれば、彼女はたちまちあなたに夢中だ。
ただし、1つだけ問題がある――媚薬の主成分となるマンドレークの根は、
引き抜くと命取りになりかねない。

次の指示にきちんと従えば、命も恋も失うことなく媚薬をつくれる。

材料

- イヌ1匹
- ロープ1本
- 狩猟用ラッパ1つ
- 象牙の杭1本
- 地中に伸びたマンドレークの根1本

時間

3分

分量

マンドレークの根1本分

方法

1. マンドレークの根からできるだけ距離を取る。根は小さなグリーンマンのように見えるが、休眠状態から引き抜かれると、耳をつんざくような甲高い泣き声を発し、それを聞いた者は発狂するか絶命する。もしくは発狂して絶命する。

2. 根が露出しすぎないように、象牙の杭でマンドレークの地上部を慎重に掘り起こす。

3. ロープの一方の端をイヌに結びつけ、もう一方をマンドレークに結びつける。

4. ここで狩猟用ラッパをつかみ、全速力で走って逃げる。走りながら、できるだけ大きな音でラッパを吹く。まともな肺活量があれば、これでマンドレークの根が発する金切り声がかき消されるはず。イヌがラッパの音に驚いて走り出せば、あなたもイヌも無害となったマンドレークの根を安全に持ち帰れる。

5. マンドレークの根を使って好みのレシピで媚薬をつくる。

WIN A LADY'S LOVE
女性の愛を勝ち取るには

1.

馬上槍試合で次々と相手を刺して
女性の注意を引く。

2.

海獣のような危険な相手に槍で挑み、
女性に勇敢さをアピールする。

3.

首尾よくデートを承諾させても、
女性は付き添いなしでは外出できない。
そんなときは
華麗な槍さばきを披露して、拍手をもらう。

4.

鏡で自分の顔をじっくり見て、
女性の愛に値するかを自問する。

5.

ついに女性をひとけのない（と思われる）
場所に連れ出したら、茂みに隠れた
親戚のことは気にせず、
彼女の美しさを繊細なバラにたとえる。

6.

ハープ・リュートを弾こうとする
彼女の大きなお腹を褒め称える。

MARITAL TROUBLES
夫婦間のトラブル

ようやく相手と結ばれても、そこからまた苦悩の日々が始まる。
配偶者とずっと幸せでいられる保証はないし、
いったん不満の種がまかれたら、関係は悪化するばかりだ。

ここでは冷え込んだ
夫婦関係の例を
いくつか紹介しよう。

夫が間違ったサイズの指輪を買ってきた。
——結婚は出だしから失敗。

妻が寝ている夫の髪を切って
力を奪おうとした。
——カップル・カウンセラーに相談を。

妻がベッドに巨大なツタウルシを植えて
夫を締め出している。
——一度話し合いを。

CAN YOU GET A DIVORCE?

あなたは離婚できる?

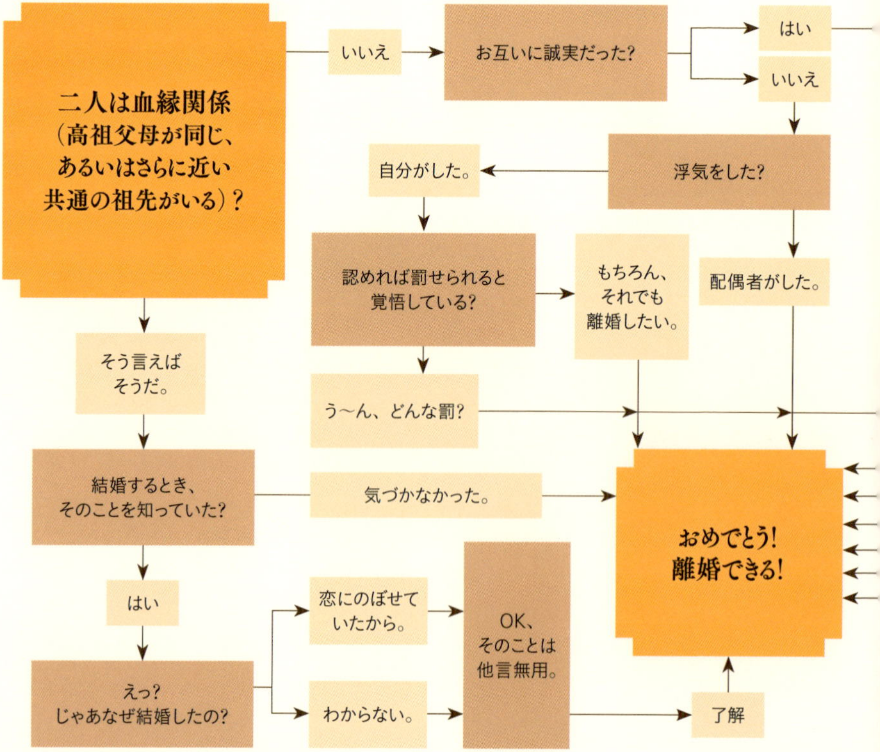

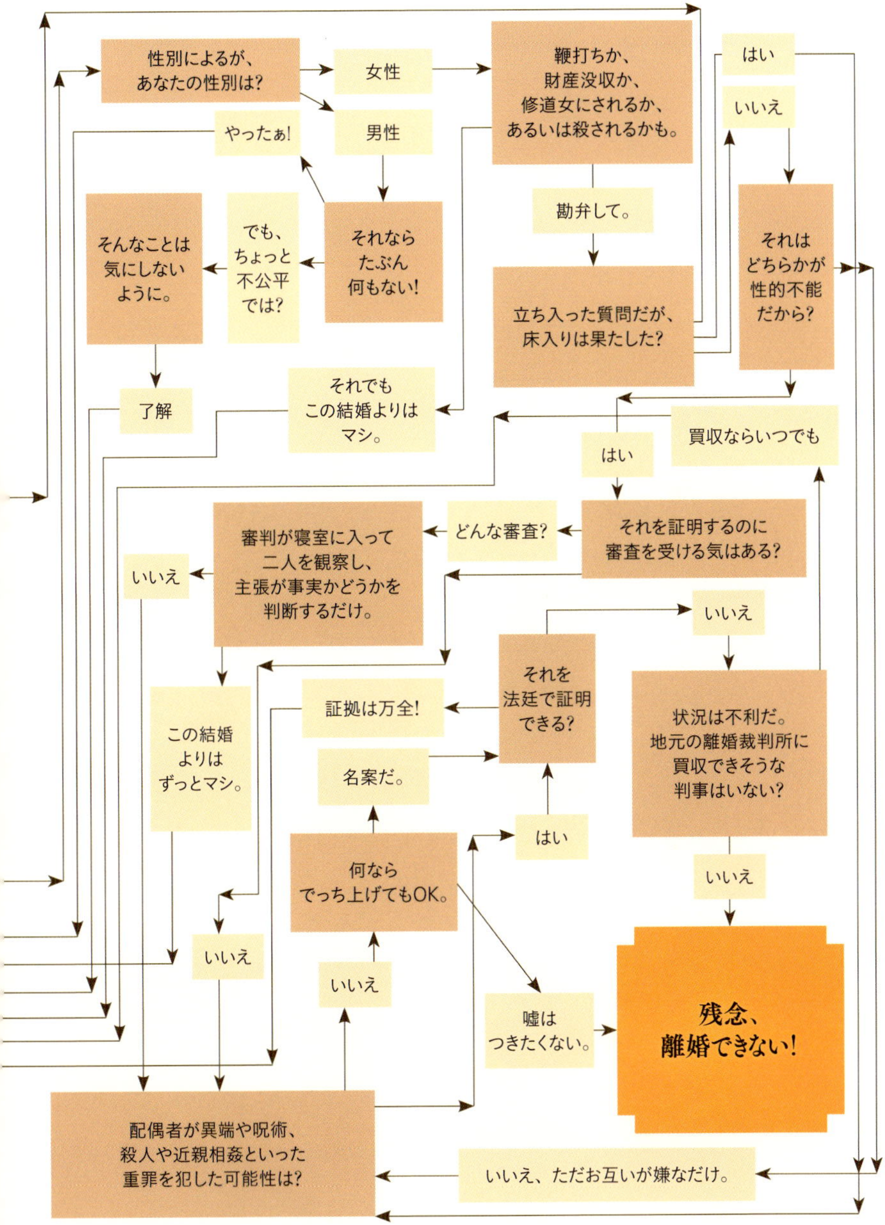
性別によるが、あなたの性別は?
女性
男性
鞭打ちか、財産没収か、修道女にされるか、あるいは殺されるかも。
はい
いいえ
やったぁ!
それならたぶん何もない!
でも、ちょっと不公平では?
そんなことは気にしないように。
勘弁して。
立ち入った質問だが、床入りは果たした?
それはどちらかが性的不能だから?
了解
それでもこの結婚よりはマシ。
買収ならいつでも
はい
どんな審査?
それを証明するのに審査を受ける気はある?
審判が寝室に入って二人を観察し、主張が事実かどうかを判断するだけ。
いいえ
いいえ
それを法廷で証明できる?
証拠は万全!
状況は不利だ。地元の離婚裁判所に買収できそうな判事はいない?
この結婚よりはずっとマシ。
名案だ。
はい
何ならでっち上げてもOK。
いいえ
いいえ
いいえ
嘘はつきたくない。
残念、離婚できない!
配偶者が異端や呪術、殺人や近親相姦といった重罪を犯した可能性は?
いいえ、ただお互いが嫌なだけ。

DEATH

死亡編

愛情編を楽しんでもらったところで、次はもう少し永続的な世界の話をしよう。楽しいだけで人生が終わるのかと思っていたかもしれないが、心配しなくても悲しいときはこれから訪れる。ただ、あなたの中世ライフは死んだら終わりというわけではない。あの世へ行ったことがない以上、死んだらどうなるかは誰にもわからないが、きっと向こうでみんなと再会できるはず。

人生を存分に楽しんだら、次は死に備えよう。

THE GRIM ... PIPER?

不気味なバグパイパー？

人類の歴史の大部分において、人間は死をあまり魅力的なものとは考えてこなかった。
とは言え、私たちは誰もが一度は死ななければならない。
それならいっそのこと、死をもう少し面白がってみてはどうだろう。
実際、中世後期には「死の舞踏」という新しいジャンルの芸術が発展した。
そこでは死が骸骨の姿で表現され、
あらゆる年齢や職業の人々が踊りながら墓場へと導かれる様子
——ときには伴奏付きで——が描かれている。

「バグパイプはいいから、
何かもっとマシな楽器を弾ける
骸骨を寄こしてよ」

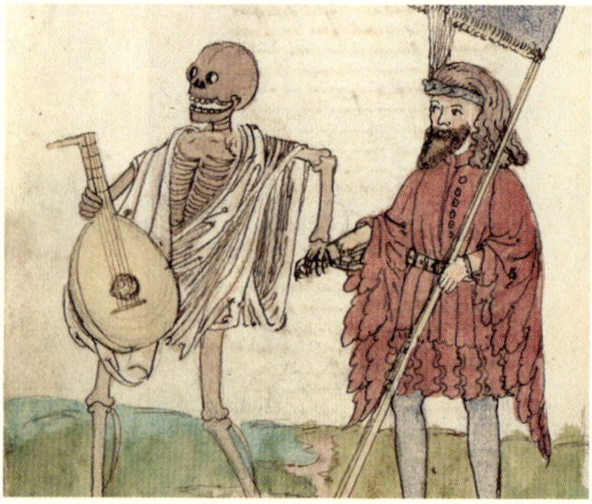

「一緒に盛り上がろうじゃないか」

「頭にコップを2つのっけられたら、
地の底まであんたについてってやるよ」

「ワルツを踊りながら
あの世へ連れていくんじゃないかって？
そのとおり！」

「死へ向かう途中で何だけど、
私のカタツムリがお腹空いたって」

「大丈夫。私はただの狩人で、
君を転ばせて顔に槍を突き刺そうなんて
考えてないよ」

WHAT YOUR FAVOURITE WEAPON SAYS ABOUT YOU

好みの武器からわかるあなたの性格

拳

経験豊かなあなたは世の中のことをよく知っている。周囲が目まぐるしく移り変わっても、あなたはつねに誠実な友であり、いざというときも頼りになる。

長弓

あなたには少しよそよそしい面があるが、それがあなたのやり方だ。うまく付き合えるのは特別な人間だけだが、必要とあらば、あなたは彼らのために徹底的にやり抜く。

剣

あなたはオシャレでアイコニックな人物だが、それでいて芯の強さがあり、人から得るだけでなく人に与えることもできる。辛辣で言い方がきついため、用心しないと周囲を傷つけるおそれがあるが、機嫌を損ねられないかぎり問題ない。

殻ざお

あなたは物事をドラマチックに演出する才能があり、いつも現実的な人物とは言えない。少々カッとしやすい面もあるが、見せ方を心得ているため、みんなに人気がある。

鉄砲

あなたはしばしば時代の先を行くトレンド・セッターだ。何を考えているのかよくわからないが、必ず良い結果をもたらしてくれると信頼されている。

OBITUARIES: WEIRDEST DEATHS

死亡記事
――世にも奇妙な死の数々

1410年、アラゴン王マルティン１世が宮廷付き道化師のジョークによって笑い死にした。
悲劇ではあったが、遺族にとっていくらか慰めがあるとすれば、
笑いを愛した王には満足すべき最期だったということか。
なお、安全上の理由により、死因となったジョークはここでは繰り返さない。

悲報――886年、ビザンツ帝国皇帝のバシレイオス1世が狩猟中の事故により死亡。シカの枝角にベルトがからまり、森の中を16マイルも引きずられるという試練の末の最期だった。なお、シカは無傷の模様。

1326年、ロンドンで便所さらいの仕事をしていた汲み取り屋のリチャードが、糞尿でいっぱいの汚物だめに落下して溺死。伝えられるところによれば、父親の稼業を継いだ息子は「悪臭のサム」と呼ばれている。

1131年、愛すべきフランスのフィリップ皇太子がその治世を待たずに死去。パリ市内を乗馬中、堆肥の山から飛び出してきたブタのせいで馬がつまずき、落馬した皇太子は硬い敷石に頭を強打した。

1159年、偉大なる教皇ハドリアヌス4世の輝かしい人生は突然の終わりを遂げた。泉で湧水を飲んでいた教皇は、水中にいたハエを喉に詰まらせ、不運にも窒息死した。

HOW WILL YOU DIE?
あなたはどう死ぬ？

いよいよあなたの最期が明らかになる。これはもうドキドキだ！
ただし、どんな死に方をするにせよ、不満は言いっこなし。
さあ、次の質問に正直に答えて、結果を集計し、死を迎える覚悟をしよう。

あなたはよく喧嘩や口論に加わる？

A. はい、しかも私は知性も運動能力も優れているのでいつも勝つ。
B. いいえ、私は意気地なしで、生まれつき虚弱体質なので。
C. ときには加わるが、それは相手が自分より弱く、簡単に従いそうなときだけ。

あなたがもっとも恐れているものは何？

A. 自分の武勇が叙事詩に記され、後世に歌い継がれるまえに死ぬこと。
B. 味方に裏切られること。なぜなら周りは油断ならない連中ばかりだから。
C. 努力して築いた巨万の富を失うこと。

あなたは大宴会で豪華な料理とワインに囲まれている。ところが自分より身分の低い貴族が塩を独り占めにして、あなたの分を少しも残さなかった。あなたはどうする？

A. 剣を抜き、下級貴族の分際でとその男をどなりつけ、命がけの決闘を申し込む。
B. 塩はなくてもかまわないので、それ以上追及しない。
C. そのときは何も言わないが、食事のあとで仕返しに男の妻を誘惑する。

あなたの狩猟パーティーに絶対招待されないのはどんな人？

A. 危険をまえにして臆病な人

B. 話しぶりが粗野で下品な人

C. 冗談や遊び心が通じない人

あなたはどのくらいの頻度で城壁の外へ出る？

A. 各地を旅し、遠方のさまざまな話を持ち帰った。

B. 必要なものは地元にそろっているので、めったに出ない。

C. 放浪者なので、1か所に長くとどまることはめったにない。

それでは結果を集計してみよう！

Aが一番多かった人：あなたは戦いで死ぬ（戦死）。それも最後まで勇敢に戦い抜いて！

Bが一番多かった人：あなたは病気で死ぬ（病死）。不本意だろうが仕方ない。

Cが一番多かった人：罪深いあなたは獄中で死ぬ（獄死）。この悪党め！

HOW TO CRUSADE

十字軍のつくり方

神の名における聖地奪還は、
社会のあらゆる階層の人々にとって楽しみと富の両方を得られる活動だ。
満足な訓練を受けていない農民であれ、威張りくさった貴族であれ、
彼らをエルサレムの城壁から遠ざけることはできない。十字軍は家族や子供たちにも大人気だ。
ここではそんな十字軍をつくるために必要なものを教えよう。

材料

- 抑圧と苦難をそれぞれ同量（苦難なら何でもいいが、病気関連だと最大の効果が得られる）
- 飢饉を少々
- 大陸全体分の罪と宗教的罪悪
- 虐げられたヨーロッパの労働者階級
- 新興の反キリスト教新帝国
- 教皇1人
- 差し迫った大惨事（備考：適当な大惨事が見つからない場合は、デマを流してもOK）

時間

約3年（＋準備に10年）

分量

十字軍国家4つ分

十分な物資と軍隊を投入すれば、あなたの十字軍国家も数十年はもつはずだ。

方法

1. 十字軍づくりに着手する少なくとも10年まえには、虐げられたヨーロッパの労働者階級に抑圧と苦難、飢饉を加える。それらをよく混ぜたら、1つまみ分を残して、上から罪と宗教的罪悪を振りかける。すると労働者階級の間で社会不安が生じ始める。これをさらに高めるには、最低でも10年は見ておこう。少々時間がかかるが、下地の醸成は不可欠だ！

2. 一方で、新興の反キリスト教帝国をトルコに紹介する。それは中東および中央アジア一帯に広がり、やがて聖地に達して、ビザンツ帝国からエルサレムを奪うはず。この帝国が宗教的にきわめて不寛容な強国であれば、キリスト教徒やユダヤ教徒への迫害が始まる。

3. ここで教皇を登場させる。聖地奪還を望む教皇は、もし教会に手を貸せば、それまでの罪はすべて許されると労働者階級に約束する。さすがは教皇だ。最初の段階で十分な罪と宗教的罪悪を加えてあれば、農民たちはこの約束に大いに引きつけられるはず。

4. いよいよ行動を起こすときだ！ 農民たちがこれで天国へ行って永遠にラクできると大喜びしている間に、差し迫った大惨事を投入する。たとえそれが本当の大惨事ではなくデマであっても、農民たちが武器を取ってエルサレムへ向かう理由としては十分だ。彼らもハルマゲドンが起きたときに地獄で焼かれたくはないだろう。

5. おめでとう！ これであなたも十字軍オーナーだ。あとは熱狂的な農民たちに任せてエルサレムを奪還させ、彼らが中東に不安定な十字軍国家を設立するのを見守ろう。

UNDER SIEGE
包囲戦

誰もが経験したことのある包囲戦――敵は戦略的に有利な位置を占め、
武器と食糧をたっぷり貯えて高い城壁の向こうに立てこもっている。
あなたは投石器や火矢といった常套手段で防御を突破しようとするがうまくいかない。
でも何とかして敵の砦を攻略したい！
昔から繰り返されてきた難題だ。

**ここでは中世の
戦術家たちによる
独創的な
包囲打開策を
紹介しよう。**

鳥

どんな鳥でもいいが、
あまり愛着を感じないものが理想。

敵の砦

爆薬が爆発するまえに
鳥が到達できる距離にあること。

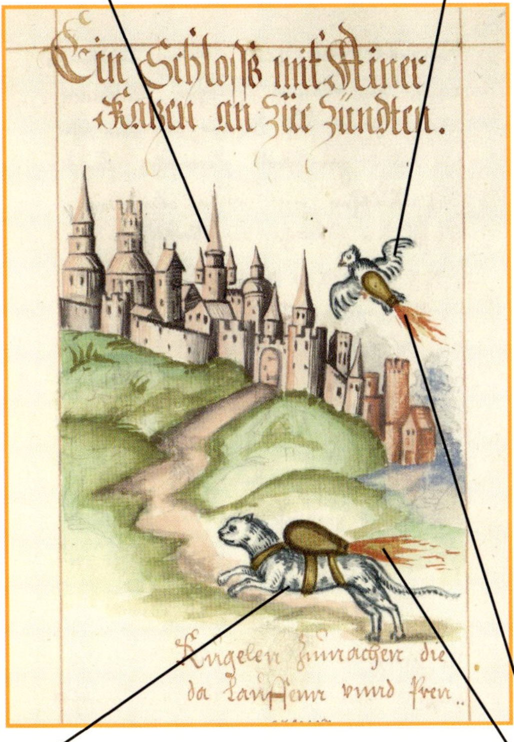

ネコ

鳥が途中で方向を見失った
場合の備え。

爆薬

これだけは忘れずに。

敵の射撃能力

あまり深く考えないようにしよう。

浅はかな愚か者

自分は安全だと思い込んでいる。

投石器

包囲戦の必須アイテム

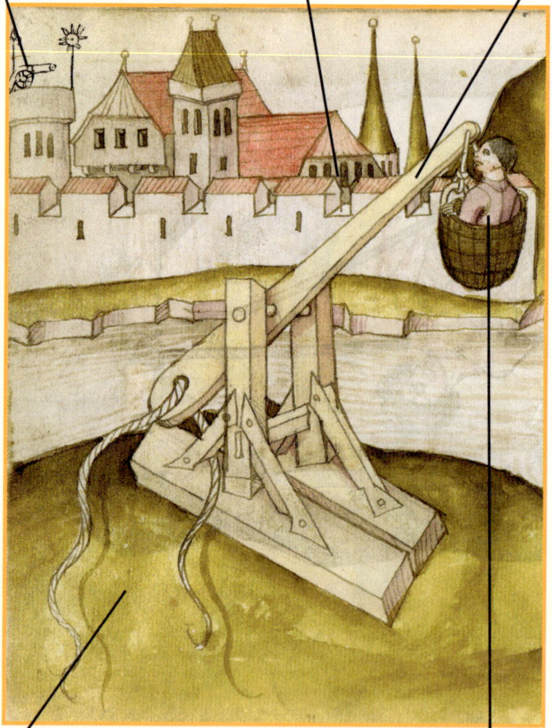

「通行不能な堀」

今まさに通行されようとしている。

空力兵

というか無力兵

「マズい、敵はネコ爆弾を投入したぞ。もうおしまいだ」

DEATH WITH DIGNITY

尊厳ある死

ご存じのように、戦死よりもひどい死に方はいろいろある。
実際、最後まで戦い抜いて死ぬというのはむしろ華々しい。
顔に石弓の矢を受ける自分の姿を想像してみよう。
どんなに気高くドラマチックに見えることだろう！
あなたの英雄的な死は歌にされ、その後もずっと歌い継がれていく
——そう考えれば、死ぬのも悪くないのでは？
たとえ死ぬことにワクワクできなくても、せめて前向きな気持ちをもてるようになろう。
というわけで、非業の死でもまったくOKという勇敢な人々を紹介する。

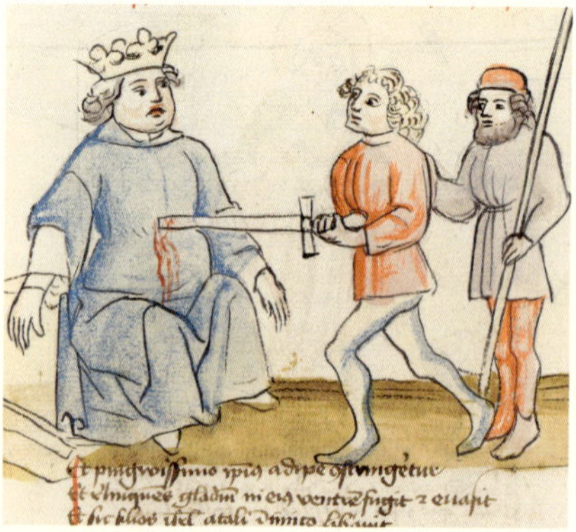

たぶん俺死ぬな……（ドイツ、15世紀）

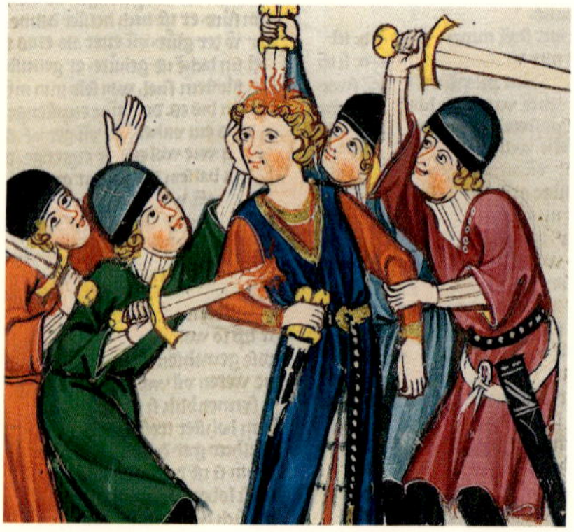

ブスッ（スイス、14世紀）

「正直、全然警戒してなかった……」

ガン・フィンガーは「こんなの平気」のサイン

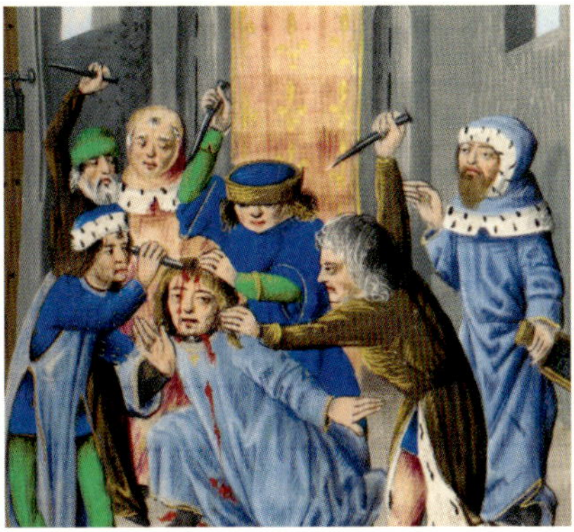

ハイ、ポーズ！（オランダ、15世紀）

UNCIVIL DISPUTES
野蛮な戦い

**おっと、あなたはマズい相手を敵に回したようだ。
おそらくその妻か夫を誘惑したか、相手を殺そうと企んだか、
あるいはただ憎まれているだけなのか。
いずれにせよ、相手は裁判を要求し、あなたは激しい法廷闘争に巻き込まれた。
無実を証明するには闘うしかない。そう、決闘裁判だ。**

男性 vs 男性なら、昔ながらの方法で互いを容赦なくぶった切ることができ、相手をバラバラにしても罪には問われない。しかし、男性 vs 女性の場合は、対等に闘えるようにちょっとした工夫が必要だ。

ドイツの剣術家ハンス・タールホファーは、この問題に次のような革新的解決法を考案した。

男性は腰まで穴に入り、決闘中は出られない。武器は棍棒を使用。

女性は地上に立ち、好きなように動ける。武器は布袋に入った石を使用。

これならイーブンだ。次にあなた自身が決闘することになった場合に備えて、いくつか注意すべき技を紹介しておこう。

男が男のやりそうなことをやっているだけ
（15世紀、フランス）

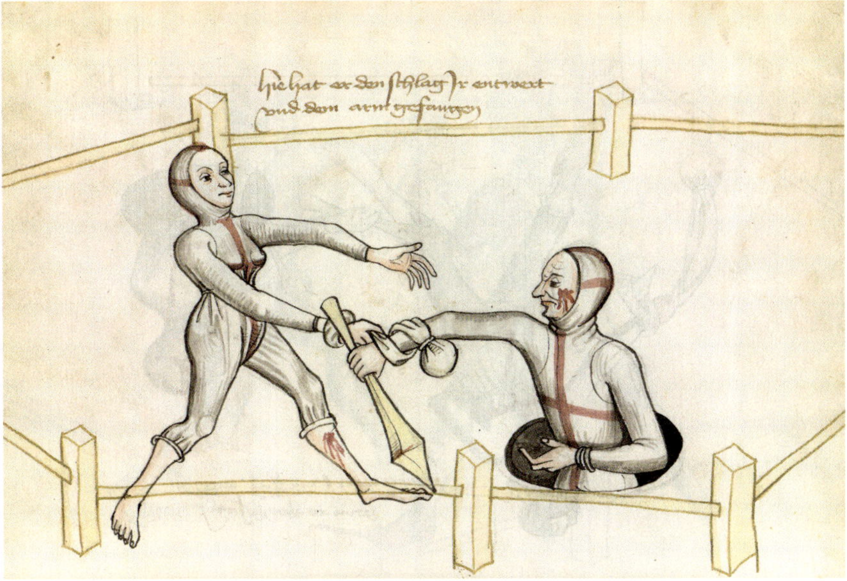

石袋を使って相手の動きを封じる――スゴ技

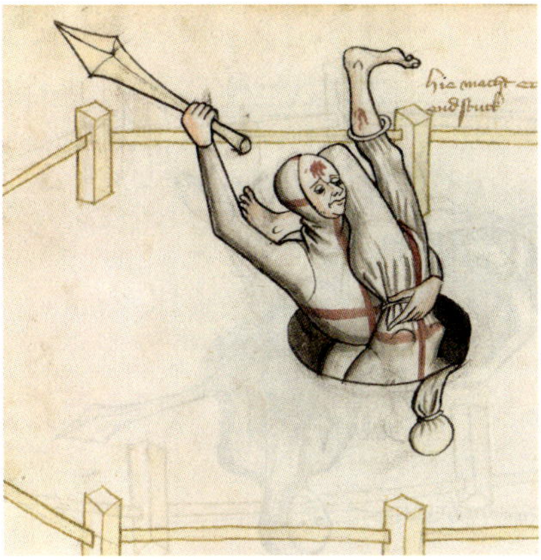

男性が女性を脳天杭打ちにする
――男性の勝ち

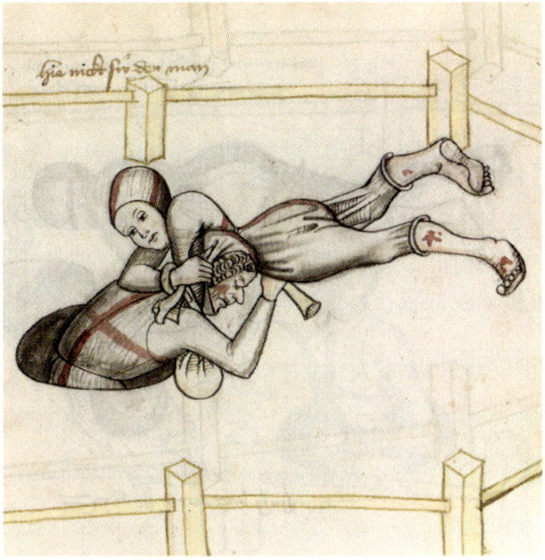

女性が男性を首絞めにする
――女性の勝ち

WHAT IS YOUR PUNISHMENT?

あなたの罰は?

評決が下され、あなたは告発どおり有罪となった。
判決が言い渡されるまえに、あなたは社会にとってどれほど有害かの査定を受けなければならない。次の質問は法律や訴訟についての知識を問うものだ。
正解が多ければ、それだけ罰が軽くなる。不正解が多ければ、たちまち罪を悔やむことになる。

1. 仲間とサッカーの試合をするとき、どんな場合だと違法になる?
(イングランド、1349年)

A. 公有地でする場合
B. 日曜日など祝祭日にする場合
C. 女性同士でする場合
D. どんな場合でも違法

2. 新しく引っ越してきた隣人にとびきり美人の妻がいる。彼女はあなたに気があるようで、不倫の関係を求めてきた。もしその関係がバレたら、どうなる?

A. 首を切り落とされる。
B. 女性をめぐって隣人と決闘になる。
C. 隣人のために新しい妻を見つける責任を負わされる。
D. 2人とも恥辱の烙印を押されて衆目にさらされる。

3. **あなたの飼っているブタが囲いから脱走し、通りで幼い子供を殺してしまった。裁判によって、誰がこの責任を取らされる？**

（フランス、1494年）

A. あなた
B. 子供
C. ブタ
D. 子供の家族

4. **夫と離婚するのに正当な理由にならないものは次のうちどれ？**

（アイルランド、8世紀頃）

A. 夫が私生活について言いふらした。
B. 夫が月2回しか入浴しない。
C. 夫の内妻が気に入らない。
D. 夫が同性愛に走った。

5. **貴族のサルバッジョ・デ・アステが少なくとも7回にわたって現行犯逮捕されたのはどんな罪？**

（イタリア、16世紀）

A. 肉屋からソーセージを盗んだ。
B. ド派手な服を着ていた。
C. 教会で帽子を取ることを拒んだ。
D. 教皇に対して不敬なことを言った。

1. A、2. C、
3. C、
4. B、5. B

さあ正解した数を集計して、運命の結果を見てみよう。

5問正解：牢獄行きは免れた！土地を離れ、二度と姿を見せないこと。

3～4問正解：足かせ台に3日間さらされる。通行人に足をくすぐられたり、ひっぱたかれたり、嫌がらせをされたりするかもしれないが、3日間は辛抱を。

1～2問正解：禁固10年

0問正解：首切り！

EUROPE'S MOST WANTED

ヨーロッパの最重要指名手配者

いったん犯罪に手を染めたら、たとえ牢獄から出られたとしても、
おそらくもとの生活には戻れない。それならいっそ犯罪にもっと注力し、
さらに大きな罪を犯してはどうだろう？
参考までに、犯罪行為によって広く名を馳せた悪党どもを紹介しよう。

判事と陪審と死刑執行人

ジョン・ペンロス：法と秩序のフレネミー

ペンロスはとんとん拍子にアイルランドの首席裁判官へと出世した有能な弁護士だった。

ところが法の順守にうんざりしたのか、彼は次第に法律を破るようになり、やがて押し込み強盗や反逆、殺人の罪で起訴された。ペンロスはそれでも改心せず、その後もずっと弁護士業を続けながら、犯罪を重ね、しかも何の罰も受けなかった。

海賊の道も一歩から

ジャンヌ・ド・クリソン：ブルターニュの雌獅子

フランス王によって最愛の夫を反逆罪で不当に処刑されたジャンヌは、王への復讐を誓った。彼女は400人の兵を挙げ、3隻の軍艦を購入し、船体を黒塗りにして帆を赤く染めさせた。13年間、ジャンヌはフランス船を捕獲してはその乗組員を虐殺したが、王に誰の仕業かを告げさせるため、必ず数人は生かしておいた。

彼女は最終的に陸地へ戻って身を落ち着けたが、海賊としてのキャリアは無駄にならなかった。イングランドの支援を得たジャンヌは、男爵領と城、新しい夫を手に入れ、安楽な余生を過ごした。

修道士ウスタシュ：罪深き男

ウスタシュはごく普通の修道士のようだったが、言い伝えによると、じつはフランスでもっとも強力な黒魔術師だったらしい。彼が実際に悪魔と取引していたかどうかは不明だが、ある日、ウスタシュはなぜか海賊になろうと決めた。傭兵としてイングランド側についたあと、フランス側に寝返り、英仏海峡を10年以上も荒らし回ったすえ、捕まって斬首された。

善良な修道士が悪事に走ると……

DIVINE HEALING
聖なる癒し

いつもの治療法が効かなかった？　リンパ節の腫れが引かない？
心配ご無用、そんなときはこれが一番！　ひざまずいて祈ればいいのだ！
たとえ神自身が対応できなくても、代わりに聖人が必ずあなたを助けに来てくれる。
彼らの聖なる力によって病はあっという間に治るはず。そんなこと信じられない？
では聖なる力が介入した実例を紹介しよう。

そもそも斧をもっと慎重に使っていれば防げた事故かもしれないが、
それはさておき、脚の損傷など聖母マリアの癒しの力をもってすれば何でもない。

マリアの奇跡はそれだけにとどまらない。
彼女は口腔がんの男性を何とキスだけで
治してしまった！　天使が同席したのは、
２人の接触がそれ以上エスカレート
しないようにするためだ。

修道院の静かな晩餐は、尼僧の１人が
喉に骨を詰まらせて騒然となった。
幸い、聖ヘートヴィヒがその場に居合わせ、
慈悲深い微笑と手ぶりで尼僧の気管から
問題の代物を引き抜いた。

ルイ９世はその熱い信仰心をつうじて
聖なる癒しのパワーを発したという。
この絵で彼は腺病の男性を癒している。
腺病かなと思ったら、ルイ９世に連絡を！

JUDGEMENT DAY
最後の審判

ちょっと待って、死んだらそれで終わりだと思っていないか？
人生で肝心なのは、そのあとどうなるかということだ。
もしあなたが善人だったなら、死後は手厚いサポートを受けられる。
しかし、もし悪人だったなら……今はまだ考えないほうがいい。
いずれにせよ、ついにあなたの魂に審判が下され、永遠の運命が決まるときだ。

怒ったことがある？

A. 感情は完全にコントロールしている。
B. 腹が立つと少々声を荒らげることがある。
C. いつでも何にでも怒っている。

行くべきときに教会へ行った？

A. 行くべきときでなくても行った。
B. 何度か行きそびれたが、行けばよかったと思っていた。
C. あんなバカバカしい場所へは一度も足を踏み入れたことがない。

神を冒瀆するような言葉を使った？

A. 下品な言葉は口にしたことがない。
B. 友人に悪口を言ったことくらいはある。
C. 口を開くたびに卑猥な言葉を吐いている。

神への信仰につねに忠実だった？

A. 神の光を見失ったことは一度もない。
B. ときには信仰に苦しむこともあったが、神の存在は信じている。
C. 神は死んだし、私が殺した。

自分のものでないものを取ったことがある？

A. いいえ、物質的な豊かさは望まない。

B. 盗もうとしたことはあるが、思い止まった。

C. 今この瞬間も盗みを働いている。

人を殺したことがある？

A. そんな質問は心外だ。

B. いいえ、でももしバカな義弟が殺されても不満はない。

C. 私の両手は罪なき人々の血で染まっている。

罪を悔い改めた？

A. 償いのためにできることはすべてやった。

B. 悪かったとは思っているが、とくに罪の償いはしなかった。

C. 悔いがあるとすれば、それはもっと罪を重ねなかったことだ。

ほとんどAだった人：おめでとう！　「天国」行きだ！　善人のあなたはほとんど罪を犯さず、たとえ犯したとしても、それを心から悔いていたはず。あなたの魂は今、天使たちによって雲の上へと運ばれ、そこで満ち足りた永遠の幸せを享受する。同じく天国へ行った有名人には、ソロモン王やトマス・アクィナス、イエスがいる。

ほとんどBだった人：「煉獄」行きになりそうだ。あなたは大罪ではないものの、ちょっとした罪を犯した。魂は救われるが、そのまえに罪の負債を返済するべく罰を受けなければならない。でも、最終的には天使がやってきてあなたを天国へ運んでくれる。とにかく祈りを続けて、試練を乗り切ろう！　同じく煉獄へ行った有名人には、イングランドのヘンリー3世や教皇ハドリアヌス5世がいる。

ほとんどCだった人：残念、「地獄」へ直行だ！　あなたは罪を犯してばかりいたのだろう。あなたの人生は神への冒瀆にほかならない。あなたの魂は救われず、永遠に地獄の業火に焼かれるだろう。悪魔は日々新たに恐ろしい拷問を考え出し、あなたを痛めつける。同じく地獄へ行った有名人には、フン族の王アッティラやイスカリオテのユダ、サタンがいる。

天国行き（フランドル、1500年頃）

煉獄行き（フランドル、1500年頃）

キリストの脇腹の傷（ルクセンブルク、14世紀）

パート２

THE BESTIARY

寓話の中の生き物

獣類
大地を歩く生き物

魚類
海を泳ぐ生き物

鳥類
空を飛ぶ生き物

爬虫類
地を這う生き物

人間と同じく、動物にも善良なもの、邪悪なもの、その中間のものがいる。ただ、人間の場合は本人が口を開けばすぐにこのうちのどれに当てはまるかがわかるが、動物の場合はそうはいかない。そもそもカタツムリやハリネズミが道徳的かどうかなどどうでもいいと思うかもしれないが、神は違う。神は何か理由があって、これらの生き物を私たちとともにこの世に棲まわせたのではなかったか。一つには、それは人間の役に立たせるためだった——動物は私たちに食料や慰めや無料奉仕を提供してくれる。しかし、彼らの役割はそれだけではない。動物はしばしば寓話に登場し、さまざまな教訓を与えてくれるのだ。確かに人間よりずっと賢い動物もいるが、彼らの多くは寓話をとおして罪や悪行がどんな結果をもたらすかを伝え、私たちが危険を回避するのを助けてくれる。

こうした動物寓話集は生物界の便利な紳士録のようなものでもあり、それぞれのしかるべき扱い方がわかるようになっている。フクロウは食べてもいいのか？オオカミは本当に友好的でおとなしい動物なのか？　魚はクマより親として優れているのか？　あなたを悩ませてきた疑問の答えはすべて寓話の中にある。さっそくそんな生き物たちの世界を覗いてみたくてウズウズしてきたのではないだろうか？　だがそのまえに本項で寓話に登場するキャラクターについて学んでおこう。

神は言われた。
「我々にかたどり、我々に似せて、人を造ろう。
そして海の魚、空の鳥、家畜、地の獣、
地を這うものすべてを支配させよう。」

（創世記1章26節）〔訳注：新共同訳聖書より訳文引用〕

BEASTS

獣類

大地を歩く生き物

ご存じのように、この世には生き物のカテゴリーが4つある——獣類、鳥類、魚類、爬虫類。どの生き物もこのいずれかに含まれる。もし獣でも鳥でも魚でも爬虫類でもない生き物を知っているとしたら、それはあなたの思い違いだ。何せこれらのカテゴリーをつくったのは神なのだから、正解は明らかである。というわけで寓話の中の生き物についても、この4つのカテゴリーに分けて紹介する。

最初に獣類から始めるのは、それが非常に特別なカテゴリーだからだ。獣類は毛皮や牙をもつ生き物で、人間とともに大地を歩いている。ときには荷物の運搬などを担うこともあるが、彼らは私たちにとってもっとも身近な仲間であり、もっとも近縁の種族である。実際、猟犬の目に人間味を感じない人がいるだろうか。気高いライオンの慈悲深さを否定できる人がいるだろうか。彼らはけっして遊びで人間を殺したりしない。もちろん、すべての獣が友好的なわけではなく、このカテゴリーには世にも残虐で狡猾な動物もいる。ネコのように本性を隠して人間のそばを歩いているものさえいる。こうした獣からの危険を回避するには、彼らと同じくらいしたたかでなければならない。

ライオン

ラテン語名：leo

棲みか：動物王国の頂点に君臨

長所：立派なたてがみ、人間並みの正義感をもつ

短所：雄鶏恐怖症で、それがバレることを恐れてもいる

美徳度：5　**キレイ度**：5　**危険度**：4

ライオンは動物の中でもとくに誇り高く、それゆえライオンの群れはプライド（pride）と呼ばれる。この恐ろしいネコ科の動物は高潔である一方、自分に屈しない相手は容赦なく殺すことによって「百獣の王」という栄えある称号を得てきた。幸い、市場へ行く途中やカブ畑でライオンに出くわす可能性はほとんどないが、万一の場合に備えて、平身低頭する練習をしておくと安心だ。ライオンがそうした態度に納得すれば、ズタズタにされることはない。何とか無事に生還できたら、ライオンの姿勢に学ぼう――無力な相手にむやみに暴力を振るわず、とどめを刺すまえに降伏のチャンスを与える。それが気高い行為というものだ。

そんなライオンに逆らう勇気のある動物はほとんどいないが、1つだけ例外がある。じつはライオンは雄鶏恐怖症で、雄鶏を見ると震え上がる。本人はそのことを知られたくないようなので、私から聞いたとは言わないでほしい――「百獣の王」としては外聞が悪いから。

上の図では、王者たるライオンがその権威にひれ伏す男たちに慈悲を示す様子が描かれている。
一方、下の図では、ライオンが雄鶏のまえにひれ伏し、
同じく慈悲を求めているが、雄鶏はまだ考え中のようだ。

オオカミ

ラテン語名：lupus

棲みか：深い森の奥で、迷い込んだ旅人が通りかかるのを待っている

長所：食べ物の好き嫌いがあまりない

短所：取り澄ましているが、見つめられると弱い

美徳度：1　**キレイ度**：1　**危険度**：4

オオカミは根っから性悪な生き物だ。目にしたものには何にでも襲いかかり、襲ったものは何でも食べてしまう。ただ、オオカミに遭うことはめったにないだろう。というのも、彼らは悪魔と同じく臆病者で、白日に身をさらすよりも暗闇に潜んでいるほうがいいからだ。とは言え、危険な獣であることは確かなので、万一野生のオオカミに遭遇した場合の対処法はぜひ知っておくべきだ。というわけで、オオカミをかわすための心得を伝授する。

1. オオカミよりさきに見つめる。相手からさきに見つめられると、オオカミは萎縮して攻撃しなくなる。そうなれば、あなたのほうから無力なオオカミに襲いかかれる。

2. 逆にオオカミからさきに見つめられると、あなたは恐怖で言葉を失い、助けを呼ぶこともできなくなる。そうなったが最後、怪物と化したオオカミに襲われる。

3. 服を脱ぐ。そう、これにかぎる。もしあの狡猾なオオカミに不意をつかれ、さきに見つめられても、まだ希望はある。素早く下着一枚になり、両手に石をつかんで、力いっぱいオオカミに投げつける。そうすればオオカミはしっぽを巻いて逃げるはず。（これは不審者や徴税人、義理の親戚への撃退法としても有効だ。）

4. オオカミを殺すことに罪悪感を抱かない。オオカミはあなたに罪悪感を抱かせようとするが、それは彼らの古典的な手口だ。オオカミは法で守られていないので、殺しても罪には問われない。

ハリネズミ

ラテン語名：ericius

棲みか：誰にも邪魔されないような茂みの奥の巣穴

長所：自己防衛に優れ、買い物袋が不要

短所：対決を避けたがる

美徳度：3　**キレイ度**：2　**危険度**：2

ハリネズミはごく小さな生き物だが、丸々とした体は頭から足先まで硬いトゲで覆われ、それによって敵から身を守る。また、非常に巧妙な戦術家でもあり、危険を感じると地面に転がってボールのように丸くなり、鋭いトゲを全方位に向けて、危険が去るのをじっと待つ[1]。

一方、餌を探しに出ると、ブドウの木などの果樹に登って果実を地面にたたき落とし、それを転がして背中のトゲに突き刺す。こうすることで多くの食料を巣穴に運ぶことができる。

1　これは人間でもよくやることだが、さすがにトゲはない。

「ほんとはステーキが好物なんだけど、ブドウ[2]と違って牛をトゲに突き刺すのは大変だわ」

丸々としたハリネズミ（イタリア、15世紀）

2　背中のトゲに果実を突き刺したハリネズミの絵は中世の寓話にはよく見られ、今日でも子供向けの物語集やアニメなどで見かける。トゲトゲの小さなネズミが巣穴で待つ家族のもとへリンゴを持ち帰るというイメージは、何世紀にもわたって人々を楽しませてきた。いつかその現場を目撃する日が来るかもしれない。

ユニコーン

ラテン語名：unicornis

棲みか：密猟者の欲深い目が届かないところ

長所：美しくて非の打ちどころがなく、清らかで神秘的

短所：そこまで利口ではない

美徳度：5　**キレイ度**：5　**危険度**：2

ユニコーンはめったに姿を見せない生き物だ。獣の中でももっとも荘厳で気品にあふれ、このうえなく優美で清らかな存在と言われている。そんなユニコーンを目にしたという人々によれば、ユニコーンは細身でふわふわの毛に覆われ、ひづめのついた4本の脚をもち、頭の中央から1本の角が突き出ている。この角はさまざまな薬効成分を含んだ貴重なもので、抗毒素として作用し、不治の病の治療薬や媚薬としても用いられる。そうした効能ゆえに、ユニコーンの角1本は城1城分の大金に相当する[1]。

もちろん、角を求めて簡単にユニコーンを狩ることができれば、農民も猟犬も苦労はしない。ところが実際、ユニコーンは非常に機敏で丈夫なため、なかなか狩人の手に落ちず、だからこそその角は希少価値が高い。ただし、そんな彼らを罠にかける方法が1つある。

ユニコーンを捕らえるには、生娘を見つけてユニコーンの棲む森へ連れていく

1　中世ヨーロッパで取引されていた螺旋状の長い角は、ほとんどが大西洋で捕獲されたイッカクの牙だった。これがなぜ「ユニコーンの角」と呼ばれるようになったのかは不明。

ことだ。娘を目にしたユニコーンはたちまち引き寄せられ、うっとりと娘の膝に頭をのせて眠りに落ちる。

そこで茂みに隠れていた（はずの）あなたが飛び出し、この気高い獣を刺し殺して、角を切り落とす。これで500年分の家賃が稼げる！

夜の女子会は大騒ぎ（フランドル、13世紀）

キツネ

ラテン語名：vulpes

棲みか：平然と鶏舎のそばにいる

長所：演技がうまい——芸能界なら大成したかも

短所：掟を守らない

美徳度：1　**キレイ度**：2　**危険度**：2

キツネは心底ずる賢く、いつも嘘やごまかしばかりでけっして正面から問題に向き合わない。その好例がキツネの狩りの仕方である。ライオンのような気高い獣は、獲物が衰弱するまで追いかけるか、神の意図に従って、その圧倒的な力で獲物を押さえ込む。ところがキツネはどうかというと、腹を空かせた彼らはまず赤い泥地を見つけ、その中に寝転んで毛が血まみれになったように見せる。そして畑に入り込み、仰向けに寝そべって死んだふりをする。すると何も知らない鳥が飛んできて、キツネの様子を確かめようと近づいてくる。そこをガブリとやるのだ。

キツネはその狡猾さから、多くの寓話にトリックスターとして登場する。とくに『狐物語』に出てくる悪狐のルナールは典型的なトラブルメーカーで、森の厄介者だ。動物たちはたびたびルナールの策略の犠牲となり、物語の大半を費やして彼を裁きにかけようとする。ルナールが犯した罪は次のようなものだった。

1. 雄鶏シャントクレールのひな鳥を殺して食べた。
2. ほかの動物たちを手っ取り早く殺して食べようと司祭に化けた。
3. ライオンの王ノーブルの妻をそそのかした。

策略（イングランド、14世紀）

処罰（イングランド、14世紀）

ネコ

ラテン語名：catus

棲みか：おやつから遠くないところ

長所：人を欺くのがうまく、ふわふわの毛で油断させる

短所：役立たずなのをイヌに見抜かれている

美徳度：2　**キレイ度**：2　**危険度**：5

ネコは獣の中でもっとも厄介だ。確かに、その鋭敏さでネズミを退治してくれるので家庭の役に立っていると思うかもしれない。それにゴロゴロと喉を鳴らして甘えたり、天使のように愛くるしい姿であなたを魅了し、惑わしたりするかもしれない。だが、愚かにもネコを自宅に招き入れたら、実態はその正反対だとわかるだろう。

ネコは絶対に飼いならされない！　飼いならされるのはあなたのほうだ[1]。

どんなにネコに魅了されても、けっしてその罠に引っかかってはならない。誠実な人間をだまして家に入れさせようとするネコの古典的策略を知り、被害の予防に役立てよう。

1　ネコはいつの時代も問題の多い動物だ。ネコが魔術や妖術と結びつけられた歴史は中世にまでさかのぼり、当時のフランドルやフランスではネコが皆殺しにされたという。ただし、ほかの地域では事情が違った。中東には紀元1500年以前にネコのシェルターが存在した記録があり、紀元600年のペルシャの写本によれば、「女性はネコをペットとして飼い、毛を染めたり、宝石で飾ったり、自分のベッドに寝かせたりした」。

音楽で眠らせる

オルガンを弾くネコ
（フランドル、15世紀）

カタツムリに変装する

カタツムリネコ
（フランス、15世紀）

家事を手伝うふりをする

バターをかき混ぜるネコ
（フランドルかドイツ、1300年頃）

クマ

ラテン語名：ursus[1]

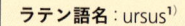

棲みか：分別ある者なら誰も入らないような暗い洞穴

長所：子育てが上手

短所：蜂蜜依存症で、次の一滴のためなら何でもやる

美徳度：3　**キレイ度**：2　**危険度**：4

クマは力強くて恐ろしい獣だが、人間と似たところもあり、2本脚で立てる数少ない動物だ。しかし、メスの妊娠期間はわずか30日と非常に短いため、産まれたばかりの赤ちゃんはただの肉の塊のようだ。そこで母グマがその肉塊を丁寧に舐めて、まともな形に整える。もし何だか不格好な赤ちゃんグマを見かけたら、それは母グマに芸術的センスがないということだが、あなたがクマでないかぎり関係ない。

1　クマを意味する古代ギリシャ語はarktosで、紀元前1千年紀の古代ゲルマン諸族はもともとこれと同類語のarktoを使っていた。しかし、本当の名を口にすると実際にクマが現われるという迷信から、人々はarktoの代わりに、「茶色いもの」とか「野生の獣」を意味する婉曲表現のberaを使うようになった。現代英語のbearはこのberaに由来する。

「寝るまえにちょっとひと口」

BEWARE THE BEARS
クマ出没注意

聖書には預言者エリシャが少年たちに禿げ頭をからかわれたという話がある。
厳格なエリシャは聖なる力を使って森から2頭のクマを呼び出し、
少年たちをその餌食にさせた。

これが彼らの
教訓となったことを
願おう！

マンティコア

ラテン語名：manticora

棲みか：人肉が見つかるところ――あなたのすぐそばにいるかも

長所：自然界最高の捕食者

短所：あれば教えて下さい

美徳度：1　**キレイ度**：1　**危険度**：5

マンティコアは人間の頭とライオンの体をもった怪獣である。口には鋭い牙が3列に並び、尾の先端には毒針がついている。その毒針に刺されたら最後、たちまち悶え死ぬ。実際、マンティコアは毒針をあらゆる方向へ矢のように発射できるという。きわめて強力なハンターで、獲物を追って高速で走り、長い距離を跳躍することもできる。一番の好物は人肉だが、いざとなればどんな種類の生肉でも口にする。

マンティコアは葦笛とトランペットを足して2で割ったような声で鳴くとされ、餌食となった者は死ぬまえにその快い響きを耳にできるかもしれない。それでもやはり、この獣についてポジティブな見方をするのはむずかしい。

マンティコアはじつは変な帽子が大好きで、
獲物を追ったり、貪ったりするときもよくそれをかぶっている。

イヌ

ラテン語名：canis

棲みか：飼い主のいるところ

長所：盲目的に服従する

短所：無数に飼えない

美徳度：5　**キレイ度**：3　**危険度**：1

イヌはとても賢い生き物である。なぜなら自分の名前を認識できる唯一の生き物だからだ（人間は別として）。そもそも人の価値はいかにイヌを愛し、重んじ、思いやりをもって彼らを扱い、訓練するかによって決まる。あなたが愛情をもって接すれば、イヌはその愛情に応えて、きっと死ぬまであなたの忠実な友でいてくれる。場合によっては死んだあともそうだ——飼い主が殺された場合、イヌは犯人を見ればすぐにわかり、理解されるまでその悪党に向かって吠え続けるという。現在の利益だけでなく、万一殺された場合に迅速な正義がなされるという将来の利益のためにも、ぜひイヌを飼おう。

イヌをたくさん飼えば、それだけあなたの人生も満たされる。そのため、できるだけ多くのイヌを手に入れたいと思うだろうが、何十匹という猟犬にそれぞれ適当な名前を考えるのは大変だ。ただ、幸いなことに、ヨーク公エドワードというイングランドの貴族が種々のイヌにふさわしい1126の名前をリストにしてくれた。

その名前の一部を紹介しよう。

ノーズワイズ
スタイクファスト
ガーリック
グリンボルド
ボニフォント
ストロンジ
プレティマン
スナック
ノルマン
フィルス

EVERYONE NEEDS A DOG

イヌはみんなの必需品

本項には貴族や平民、善人や悪人などあらゆる人々が登場する。
ただし、彼らには共通点が1つある——誰もがイヌを飼っている!

ジョン王は大のイヌ好きだった。

貴婦人にもイヌは必要
——でないと狩りができない。

ポンティオ・ピラト?
彼もイヌを飼っていたらしい。

ケンタウロス

ラテン語名：centaurus

棲みか：アフリカ（というか遠い異国）のどこか

長所：宴のやり方を心得ている

短所：宴のやめ方を心得ていない

美徳度：1　**キレイ度**：2　**危険度**：2

ケンタウロスは上半身が人間、下半身が馬の姿をした野蛮な獣である[1]。酒と狩りが大好きで、しょっちゅう仲間と集まってはワイワイやっている。人間のように高い知性をもちながら、馬のように粗暴で好色な快楽主義者でもある。そんなケンタウロスはある重要な真実を象徴している――私たちの誰もが自分の中に理性的な人間の部分と本能的な馬の部分を併せもっている。人間と馬は私たちの中で絶えず覇権を争う運命なのだ。もし馬に勝たせてしまったら、あなたは馬と同じく、永遠に罪と酒から逃げられなくなるので用心しよう。

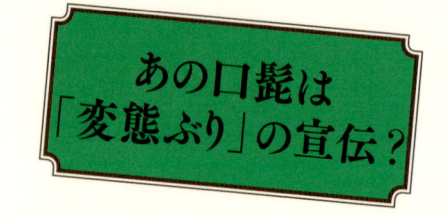

あの口髭は「変態ぶり」の宣伝？

1　下半身は頭と首がないだけの馬そのもので、厳密に言うと、ケンタウロスには心臓が2つ、乳首が4つ、肋骨が60本あることになる。考えてみると異様だ。

もしケンタウロスが本当に
半人半馬なら、
こんな姿だろう。

「じつは半ケン半馬なんで、生まれつき脚しかないんだ」

ゾウ

ラテン語名：elephas

棲みか：動く山脈のように群れをなして草原を行く

長所：大変な力持ち、大変な利他主義

短所：自分で立ち上がれない

美徳度：5　**キレイ度**：2　**危険度**：3

ゾウは山のように大きな生き物で、2本の象牙とヘビのような長い鼻をもつ。何であれゾウに鼻先を巻きつけられたり、踏みつけられたりしたものは、その巨体と怪力によって粉々につぶされる。それだけに、ゾウは善良で気高い生き物であり、人間に友好的だと聞くとほっとする。彼らはその巨体と怪力にもかかわらず、けっして故意に相手を傷つけることはなく、万一誤って相手を踏みつぶしてしまった場合、そのことをひどく申し訳なく感じる。一方、そんなゾウにも弱点が1つあり、彼らには膝がないため、転ぶと立ち上がれない[1]。

心優しいこの巨大な生き物は、もし砂漠で道に迷った者を見つけたら、力を尽くして彼を安全な場所へと導いてくれる。

1　これは誤りで、ゾウにはちゃんと膝がある。ほかの陸生哺乳動物の倍の4つあるとも言われるが、これも誤りで、通常と同じ2つである。

戦時のゾウ（イングランド、13世紀）

平時のゾウ（イングランド、13世紀）

BIRDS

鳥類

空を飛ぶ生き物

定義によれば、空を飛ぶ生き物はすべて鳥である。鳥は大いなる象徴としてもつねに先頭を行く存在で、その理由は容易に想像できる――鳥は空に生き、空には天があり、天には神がいるからだ。もし神が鳥を好きでなかったら、彼らを天高く上げたりはしなかっただろう。私たち人間に美しい鳴き声を聞かせてくれる鳥は、そのほとんどが善良な生き物だと言える。しかも、多くは汚れとは無縁で、果実や穀物といった清らかなものを食し、礼節を体現している。

もちろん、すべての鳥が品行方正というわけではない。コウモリやフクロウなど、まともな生活を捨て、神の光に背を向けて、夜な夜な飛び回ってはキーキーと不快な声をたて、泥だらけで転げ回るものもいる。彼らがなぜそんな汚らわしい生き物になろうとしたのかはわからないが、忌み嫌われる運命にあることは確かだ。

ワシ

ラテン語名：aquila

棲みか：海を見下ろす危険な崖の上の巣

長所：高く飛べる

短所：親が厳しい

美徳度：5　**キレイ度**：5　**危険度**：2

ワシは非常に高貴で特別な鳥とされるが、その最大の理由は永遠に生き続けるということだ。長い生涯のうちにワシはひどく年老い、衰え、次第に目が見えなくなる。もちろん、これは私たち人間にも起こることだが、じつはワシには秘密の解決策がある。まず太陽のもとへ舞い上がると、その老いた羽が燃え尽きる。このときのワシは（堂々たる王者ながらも）羽をむしられた鶏のようになる。そこから海へと急降下すると、今度は海水が目からもやを洗い流し、ワシは再び若鳥のようになる。

一方、ワシはきわめて強い視力をもち、太陽も直視できると言われている。しかし、赤ちゃんワシのすべてがこうした視力をもって生まれるわけではない。視力の弱い者を根絶するため、母親はひな鳥たちに太陽を直視させる。目をそらした者はすぐに巣から放り出される。人間社会では児童虐待と言われるが、ワシにとってこれは基本的な教育にすぎない。

ダンテの『神曲 天国篇』によれば、正義を行なった者たちの魂は天で1つの光輝く巨大なワシの姿をなしているという。もし読者の皆さんが天でこの巨大な魂のワシに加わり、名だたる世界的指導者たちと語り合いたいなら、高潔な人生を送ることだ。ワシはひどく排他的な鳥で、誰でも受け入れるわけではないから。

「母さんだってこんなことしたくないけど、弟のトミーは弱虫なの」

「残念ながら現在ワシは満席です。悔い改めて敬虔な日々を送れば、
来週の火曜日には何とか押し込めると思います」

セイレン

ラテン語名：siren

棲みか：嵐に揺れる海の岩場

長所：才能ある歌姫で、聴く者を虜にする

短所：彼氏と長続きしない

美徳度：1　キレイ度：5　危険度：4

セイレンは上半身こそ人間の女性のようだが、下半身はみすぼらしい鳥である。この半人半鳥は海上の岩場に腰をおろし、通りかかった船乗りを甘い歌声で誘惑する。歌に魅了された船乗りが深い眠りに落ちると、セイレンはすぐさま襲いかかって船乗りをずたずたに食いちぎる。べつに食べることが目的なのではなく、セイレンはただ船乗りをずたずたにするのが好きなのだ。

セビリアの司教レアンデルによれば、女はみな修道女かセイレンのどちらかだという。要するに、女は魅力的かつ善良ではあり得ないということだ。美しい女は男を罪に陥れる悪女のセイレンにほかならず、例外はいっさいない。そんなセイレンの魔の手を逃れる唯一の方法は、耳栓をして歌声を遮断し、さっさと船で通り過ぎることだ。同じように、もし美女を見かけたら、無視して背を向け、走り去ること。ただし、あなた自身が美女という場合、気の毒だが希望はない。

「うわぁ〜君も人間の性の悪徳の化身なの？
連中が僕らを親しくさせたがるわけだ。
そのうちデートしようね！」

「歌でダメなら、角笛のソロでいただきよ」

コウモリ

ラテン語名：vespertilio

棲みか：きれい好きにはとても棲めないような暗い洞窟や墓穴

長所：暗闇でも目が見える、翼がかっこいい（と思う）

短所：ちょっと気持ち悪い、やや不気味

美徳度：1　**キレイ度**：1　**危険度**：1

暗闇に棲む生き物の多くがそうであるように、コウモリはけっして立派な生き物とは言えない。とくに危険ではないが、動物界の中でも身分が低く、何より不潔な鳥である。皮膜でできた翼をもち、岩の割れ目など、好ましくない連中の棲みかの中でもとりわけ暗い場所に棲む。ほかの鳥たちがコウモリをひどく不気味がり、近寄らないのは、コウモリの羽のない筋張った翼と、（夕暮れの）空をはためくときの奇妙な動きにぞっとさせられるからだ。

少しでも分別のある者はこうした先例に従ってコウモリには近づかないため、コウモリが本当はどんな姿をしているのかはよくわからない。

実際、これは厄介な事態であり、もし私たちがコウモリをそれと認識できなくなれば、将来的に彼らを避けることが困難になる。というわけで、次のページに最新かつ最先端のコウモリの絵を紹介しておく。

初期調査によれば、コウモリは木の枝で脅されると弱いらしい。
花束の贈り物と誤解されなければ、これは手軽なコウモリ撃退法の一つかもしれない。

これまで気づかなかったけど、コウモリってじつはすごくキュートかも。

ハクチョウ

ラテン語名：olor

棲みか：池や小川など、優雅に浮かんでいるように見える場所

長所：音楽的才能がある

短所：ライバル間の盗みや嫉妬、不和を助長する

美徳度：1　**キレイ度**：2　**危険度**：2

ハクチョウはほかのどの鳥よりも甘い声で鳴き、死期が近づくとその声はこのうえなく甘美になると言われる[1]。また、白い羽と優美でしなやかな首をもち、どの鳥もかなわないほどの気品がある。そんな非の打ちどころのない特別な鳥だからこそ、ハクチョウは悪から守られるべきものとされ、イングランドではごく裕福な人々しかこれを所有し、食すことが王から許されていなかった。従って、イングランド人男性の価値は所有しているハクチョウの数でわかる——女性は要チェックだ！　もしあなたに言い寄ってきた男性が羽だらけで歩いていて、そのコートの下からかすかに鳴き声が聞こえたら、彼はかなりの金持ちに間違いない。

ハクチョウは買うと1羽で約5シリングもする。これは屋敷の使用人の1年分の賃金に相当するが、ハクチョウは料理人や小間使いよりもはるかに多くの喜びを与えてくれる。しかも、クリスマスには手軽にローストしてディナーに出すこともできる。

1　ハクチョウの多くは美しい声で鳴くとされるが、ヨーロッパ原産のものは違う。彼らはただガーガー、ピーピー騒ぐだけだ。

悠々と泳ぎながら（イングランド、13世紀）

フェニックス

ラテン語名：phoenix

棲みか：アラビアの高温乾燥地帯

長所：永遠の命をもつ

短所：生涯独身

美徳度：1　**キレイ度**：2　**危険度**：2

フェニックスは鮮やかな赤と金と紫で彩られた見事な羽をたなびかせた鳥である。世界に1羽しかいないため、必然的に単独行動の鳥だが、もともと社交が苦手なので本人はちっとも気にしていない。寿命は500年と非常に長く、死期を迎えると高い木のてっぺんの大枝に薪を積み上げる。薪の山は朝一番の日光が当たると燃え上がり、フェニックスはみずから翼で炎をあおって薪もろとも灰になる。すると残った灰の中から新たなフェニックスが姿を現し、そこからまた500年を生きたのち、同じプロセスが繰り返される。

「のどかな春、
それはもっとも
美しい木の上に
タイム、没薬、
シナモンといった
貴重なスパイスの
巣のごとき祭壇をつくる」

トマ・ド・カンタンプレ

孤独な鳥らしく、この絵のフェニックスは他者と交流するくらいなら
炎に包まれたほうがマシとでも言っているようだ。

「私はまだ500歳ではないが、昨夜のパーティーでマズいことを言ったせいで、
みんなから変態と思われている。だからもう終わりにして、今すぐ炎に身を投げよう」

ミツバチ

ラテン語名：apis

棲みか：蜜蠟からつくった巣

長所：法と秩序を重んじ、軍国主義的

短所：守勢に回りがち

美徳度：5　**キレイ度**：2　**危険度**：2

ミツバチは人間と同じく、一定のルールに従った秩序ある社会に生きている。何より、ミツバチの社会は支配者である王バチ[1]によって統治され、ほかのハチはこの王に仕えるために存在している。彼らは王のために懸命に巣を防御し、それを守るためなら死をも辞さない。どのハチも蜜の生産に貢献し、普通の人間と違って仕事に喜びを見出しているため、仮病で休んだり、「しばらく旅に出たい」などと言ったりしない。つまり、ミツバチという小さな鳥は私たち人間にとって良き手本なのである——人生には乳搾りや堆肥づくりよりも大事なことがあるのではないかなどと考え始めたら、ミツバチを見習って、今いる場所にとどまること。重要な問題は重要な人物に任せておけばいい。

一方、ミツバチは巣が過密になったと感じると、新しい居場所を求めて一部が巣を離れようとする。やむを得ないことだが、養蜂家（beekeeper）にとっては問題だ。というわけで、失蜂家（beeloser）にならないために、興奮したミツバチを鎮める簡単な呪文を教えておこう。

1　今日ではミツバチの巣の支配者が女王であることは周知の事実だが、中世の著述家の多くは巣の支配者をオスと決めつけて書いている。女が主導権をもつなど論外というわけだ。

鎮まれ、女戦士たちよ、
落ち着くのだ、
取り乱して森へ飛んでいってはならない。

国や故郷の誰もがそうであるように、
わが繁栄を心にとどめよ。

「何てことだ、ギルバート、
あの男はハチの呪文を忘れたようだ」

ミツバチの巣箱を脅かすものはあらゆる手段で撃退される。

ペリカン

ラテン語名：pelicanus

棲みか：ひな鳥の鳴き声が聞かれないところ

長所：型破りな子育てをする

短所：家族関係が緊迫している

美徳度：4　**キレイ度**：3　**危険度**：1

ペリカンは非常に気高い鳥で、何よりも子供に献身的である。厄介なことに、子供のペリカンは成長過程で反抗期を迎えると、翼や嘴で母親を攻撃するようになる。すると若い母鳥はついカッとなって子供を突いて死なせてしまう。これは小さなモンスターを黙らせることにはなるが、母鳥はたちまち自分の残酷な行為に恐れおののく。彼女は死んだ子供を3日間寝かせておき（これには恐れおののかない）、嘴で自分の胸を突く[1]。その血が子供の体に注がれると、彼らは再び生き返る。

1　現実のペリカンは嘴が長いが、動物寓話集ではこれとはべつに嘴の短い架空のペリカンが登場し、挿し絵にはたいていこちらのタイプが描かれる。動物寓話ではこうしたことは珍しくない。たとえば、フクロウやダチョウはしばしば鷹や鶏といった一般的な鳥の姿で描かれる。実際のペリカンが少々不格好であることを考えると、おそらく自分の胸を突くにもその鋭利とは言えない嘴では大変だろうし、そもそも寓話で描かれる高貴で苛烈な鳥のイメージに合わせるためには、ある程度の芸術的自由も必要だ。

「何だよ、また夕飯は血？　今週はこれで3度目じゃないか!」

もしペリカンの母鳥が
こんなふうに顔をしかめたら、
子供は一巻の終わりだ。

フクロウ

ラテン語名：noctua

棲みか：日光が大の苦手なので、とにかく光が届かないところ

長所：食されることがない

短所：愛されにくい

美徳度：2　キレイ度：1　危険度：2

フクロウは日中に外出するような愚かなマネはしない。というのも、ほかの鳥たちから顔を見るのも嫌がられ、すぐに攻撃されるからだ。あるいは、そもそもフクロウがこれほど忌み嫌われるのは、夜しか活動しないからかもしれない——まともな生き物なら物陰や暗闇に隠れている理由などないからだ。

実際、フクロウはひどく卑しい生き物で、聖書にはフクロウに対するしかるべき評価が明確に記されている[1]。

「鳥類のうちで、次のものは汚らわしいものとして扱え。食べてはならない。それらは汚らわしいものである」

（レビ記11章13節）〔訳注：新共同訳聖書より訳文引用〕

「何だか敵意を感じるなぁ」

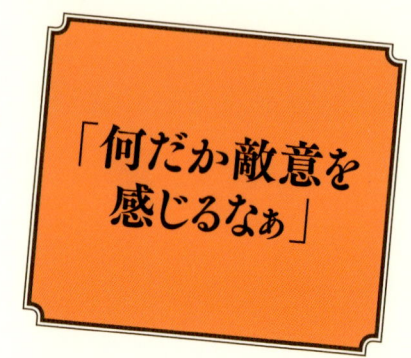

1　この点について曖昧なところはいっさいない。

道化とフクロウ（フランス、15世紀）

フクロウは汚れた生き物であり、最初から司教になどさせるべきではなかった。
幸い、これには適切な対処がなされようとしている。

カラドリウス

ラテン語名：caladrius

棲みか：重病人の枕元

長所：鋭い洞察力をもつ

短所：医師の代わりにはなれない

美徳度：5　**キレイ度**：2　**危険度**：2

カラドリウスは骨のように真っ白な鳥で、病人をひと目見ただけで死ぬかどうかがわかるという特殊な能力をもつ。病人が死を免れない場合、カラドリウスは背を向ける。しかし、助かる場合は病人のほうを向き、じっと目を見つめることで病を吸い取り、遠くへ運び去って、病人を回復させる。

カラドリウスはじつに謎めいた鳥であり、そのメッセージの意味もさまざまだ。

ぜひ次の絵をよく見て勉強し、カラドリウスに遭遇したとき、彼らが何を伝えようとしているのかわかるようにしておこう。

カラドリウスが目をそらす→もうすぐ死ぬ

カラドリウスが
目を向ける
→助かる

カラドリウスが
四方にいる
→サプライズ！

カラドリウスが
顔をしかめる
→仮病だと知っている

カラドリウスが
キスする
→ロマンスの予感

BENEVOLENT BIRDS
慈悲深い鳥たち

（＋その他の奇跡の
生き物）

動物関連の奇跡を起こした人物でもっとも有名なのは、おそらく聖フランチェスコだろう。彼は鳥の群れに教えを説いたり（実際、鳥たちも大いに感銘を受けた）、腹を空かせたオオカミに村人や羊を襲わないように言い聞かせたりした。しかし、聖フランチェスコより500年以上まえに、同じく自然と強いつながりをもつ聖人がいた——リンディスファーンの聖カスバートである。ノーサンブリアの守護聖人でもあったカスバートは、生き物すべてに善意を尽くし、生涯に多くの動物たちから助けを得たことで知られる。

ここではカスバートのさまざまな奇跡の中からハイライトを紹介しよう。

放浪の旅をしていたカスバートと連れの少年は
激しい空腹と疲れに襲われたが、
食べる物は何も見つからなかった。

カスバートは来訪者のために
藁葺き屋根の小さな家を建てていた。

カスバートは少年に150もの詩編を唱えて聞かせ、それはそれで慰めにはなったが、空腹感は消えなかった。すると突然、1羽のワシが飛んできて、2人のまえに鮭を落としていった。カスバートは少年にまずその鮭からワシへのお礼の分を切り取り、それから自分の分を取るように命じた。

ある日、数羽のカラスが巣をつくるために屋根から藁を盗むようになった。

カスバートはカラスを叱りつけ、おまえたちは貧しい訪問者に損害を与えているのだと言うと、カラスは恥入って飛び去った。後日、そのうちの1羽がひと切れのラードをもって戻ってきたので、カスバートは謝罪を受け入れた[1]。

1　カラスがもってきたラードもどこかで盗んだものと思われるが、カスバートは気にしない人だった。

別の長旅で、カスバートはまたしても食べる物がなくなって空腹に襲われた。

修道院に滞在中、カスバートはよく夜に出かけて朝まで帰ってこなかった。

彼は誰もいない羊飼いの小屋を見つけ、そこでひと晩過ごすことにしたが、馬には屋根の藁をかじらせることにした[2]。ところが馬が藁葺き屋根から藁を引っ張ると、そこから麻布が落ちてきた。なかには何と温かいパンと1片の肉が入っており、カスバートは馬とそれを分け合い、ともに元気を取り戻した。

ある晩、不審に思った修道士がひそかに彼のあとをつけると、カスバートが浜辺へ下りていくのが見えた。彼は海の中で首まで水に浸かり、ひと晩中、祈りを唱えて立っていた。カスバートが砂浜へ上がると、あとから2匹のカワウソがついてきた。カワウソは自分の毛皮でカスバートの足を拭き、息で彼の足を温めると、すぐに海へと帰っていった[3]。

2　どうやら他人の家の屋根なら問題ないらしい。

3　これを聞いた人々からは、カワウソだって海から出たばかりで体が濡れているのに、他人の足を拭けるのかという疑問も出た。答えは簡単——奇跡だから。細かいことは考えない。

世にも奇妙な植物人！
（イタリア、15世紀）

おやつの時間（オランダ、15世紀頃）

FISH

魚類

海を泳ぐ生き物

魚は海を泳ぐ生き物である。その種類は非常に多く、一説には144種とも言われている。魚であることは、ある意味でラクに違いない。なぜなら彼らはほとんど何もせず、高度な思考能力ももっていないからだ。しかし、魚の大部分は食べることができる。それ以外ではほとんど何の役にも立たないので、これは私たちにとって非常に幸運な事実だ。魚はいつも海をびっしりと満たし、私たちが夕飯のおかずに陸へ釣り上げても文句ひとつ言わない——水生生物の優しさの証である。

ただ、魚の中には食べられないものもいる。味がいまひとつという場合もあるが、そもそも捕まえるのが困難という場合もあり、こうした厄介な魚には概して注意が必要だ。もし海で魚釣りをするときは、自分のほうが引きずり込まれないように用心しよう。悪魔が一瞬の隙を狙って罪へ誘い込もうとするように、どんな怪物が水面下で狙っているかわからない。

サカナ

ラテン語名：piscis

棲みか：すでにご存じのはず

長所：海に大量にいる

短所：おいしすぎる?

美徳度：3　**キレイ度**：3　**危険度**：2

サカナは深い海を泳ぎ回る無数の生き物だ。彼らは親としても優れている——水中で産卵すると、母親はすぐに巣を離れて二度と姿を現わさない。無慈悲とも思えるが、人間の親がやるような子育てにくらべればずっといい。

一方、キリスト教徒は毎週金曜日に肉食を禁じられ、魚介類を除いて、肉を食べてはならないとされている。ところがアイルランド人にとって幸運なことに、彼らの国に生息するカオジロガン（barnacle goose）と呼ばれるガンは、卵ではなく、海中のフジツボ（barnacle）やケルプから孵化するという。つまり、カオジロガンはサカナの一種とされ、金曜日の夕飯に食べても問題ないというわけだ[1]。

1　1215年、インノケンティウス3世は断食日にカオジロガンを食べる習慣を禁じた。彼はこのガンがフジツボから孵化することは事実と認めながらも、やはりそれらは魚類ではなく、鳥類に分類されると考えた。

「これでよし。彼らはみんな海中にいるのだから、
どうせ誰の目にも触れない。明日はクマでもつくって、今週はここまでとしよう」

クジラ

ラテン語名：cetus

棲みか：雑魚を求めて世界中の海を泳ぎ回っている

長所：カムフラージュの名手、人を溺れさせるのが得意

短所：火をおこされるのが嫌い

美徳度：2　**キレイ度**：1　**危険度**：4

クジラは海の怪物であり、非常に危険な魚だ。とてつもなく巨大で、背中が海藻やフジツボでびっしりと覆われているため、船乗りたちはこれを島と思い込み、船を進めて錨を下ろすという。あまりの巨体と分厚い皮膚のせいで、クジラは船乗りたちが料理をしようと背中で火をおこすまで彼らに気づかない。そしてついに炎の熱さを感じると、クジラは体を冷やそうと海の深みへ潜り込む。すると船も船乗りも引きずり込まれ、全員が溺れ死ぬ。

だから航行中に手頃な島を見かけたら、本当にそれが島かどうかをきちんと確認

「神よ、私に預言者の仕事を
もう一度やらせて下さい。
もちろん、とくに理由はありません」

しよう。
　クジラに近づきすぎるとどうなるか。その危険性については聖書のヨナ書に記されている。ヨナは預言者だったが転職を望み、船に乗り込んで神のもとから逃げ出そうとした。神はこうしたことにすぐ気づくタチなので、船の行く手を阻むために嵐を放った。もとの仕事に戻るくらいなら死んだほうがマシだと思ったヨナは、船乗りたちに自分を海へ投げ込ませると、次の瞬間、巨大なクジラに丸飲みされた。
　神はヨナが職務怠慢を十分に反省したと感じられるまで、彼をクジラの胃袋に三日三晩閉じ込め、それからクジラに命じて彼を吐き出させた。こうして重要な教訓が学ばれた――神を裏切ることには慎重であれ。なぜなら神はあなたを捕まえるのにいつでもクジラを差し向けられるから。実際、神がどこにクジラを隠しているかわからない。けっして笑いごとではないのだ。

「やれやれ、誰かが彼を助け出してやらないと」

ウナギ

ラテン語名：anguilla

棲みか：お金が銀行（バンク）にあるように、ウナギも川岸（バンク）にいる

長所：健全な投資になる、お金より盗みづらい

短所：素早く捕まえないと取り逃す

美徳度：3　**キレイ度**：2　**危険度**：2

ウナギは細長い魚で、浅瀬をヘビのようにくねくねと泳ぐ。川の泥から生まれた――親どころか、ただの泥から――とも言われ、ひどくぬるぬるして捕まえにくい。愛情と同じく、ウナギもきつくつかもうとすると、すり抜けてしまうのだ。

ウナギはきわめて一般的な魚で、あらゆることに役立つ。立派な夕飯のおかずになる[1]ばかりか、イングランドでは卑しい労働者たちの多くが家賃などをすべてウナギで支払っていた[2]。嘘のように聞こえるかもしれないが、当時は数千ブッシェルのウナギが大した額になったのだ。

1　現存する中世フランスのレシピに「ウナギの裏返し」というものがある。
2　中世のウナギ経済の全貌はまだ明らかになっていない。しかし、最盛期には50万匹以上のウナギが家賃として流通していたことが確認されている。

これでサギが満足なら、私にとっても本望だ。

右の2つのウナギ筒に注目:この家は基本的にもとが取れている。
さすがウナギだ。

マーメイド

ラテン語名：siren

棲みか：船乗りのそば（でなければいいが）

長所：非常に外向的で、おしゃべり好き

短所：道順を教えるのが下手、真実を語るのが苦手

美徳度：2　**キレイ度**：5　**危険度**：4

マーメイドは上半身こそ美しい人間の女性だが、下半身は魚で、人間と同じように呼吸するにもかかわらず、実際の棲みかは海の中だ。こうした人魚は邪悪で虚栄心が強く、何よりも男嫌い（のうえにまったくの人間嫌い）である。その美しさと手練手管で船乗りたちを船の縁へと誘い出し、そこから水中に引きずり下ろして溺死させる。

マーメイドはつねに災いの前兆だ。と言うのも、彼女たちは沈みゆく船のまえに現われ、港はすぐそこだと言いながら、結局、乗組員の誰一人として陸を見る者はない。マーメイド自身が災いの原因なのか、それともその前兆にすぎないのかはわからないが、いずれにせよ、彼女と出会った人間は同じ運命をたどる。万一マーメイドに出会ったら、とにかく彼女の虚栄心を満たしてやることが最善の策だ。目が美しいとか、今朝は鱗がとくにきれいだとか言ってやろう。これで水死が免れるわけではないが、褒め言葉に十分な説得力があれば、マーメイドも少しは手早く片づけてくれるかもしれない。

マーメイド（女の人魚）はその類まれな美しさで船乗りを誘惑するが、
それほど魅力的とは言えないマーマン（男の人魚）は
説得力や雄弁さで勝負するしかない。

マーマン（ドイツ、13世紀）

NOT QUITE HUMAN BEINGS
人間とは違うもの

混成生物は中世のアートのあちこちに登場し、とくに写本の縁飾りによく見られる。こうしたイラスト——しばしば人間や動物、怪物を部分的に寄せ集めたもの——は、読者の目を楽しませるために描かれた一方、中世の興味深い思想の一面を示してもいる。そうした絵が意図的に生み出されたとすれば、美や正常性の基準からはずれた存在は、何か理由があってそのような姿になっているはずだ。そしてその理由とは、精神や道徳の逸脱を映し出すこと以外に何があろうか。

混成生物は本来の人間性が堕落した姿にほかならず、理性や道徳よりも欲望や暴力といった罪に支配された状態を示していた。堕落した姿とされる彼らの体は、神の意に反するもので、欠点や弱点を物理的に具現化したものだった。そして中世の写本に関して言えば、彼らはページのメインを占める祈りや教訓、美しく描かれた聖書の場面とは著しく対照的な位置に置かれていた。

しかし、その由来こそあまり好ましくないものの、中世の彩飾師たちによって考え出されたこれらの生き物は、しばしば楽しく愉快で、かわいらしくさえある。

本書に登場するさまざまな混成生物——人間とは違うし、獣とも違う——を見ていると、彼らを描いた中世の画家たちの頭の中が生き生きと想像される。

ちょっとしたダンス
（フランドル、13世紀）

拷問
（フランス、14世紀）

酒好きのミミズ
（フランス、1405年頃）

病気のネコを治療するイヌの医者
（15世紀）

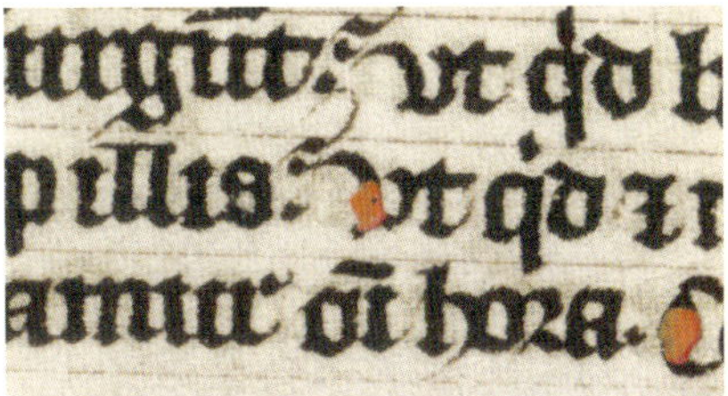

便利な生き物
（フランドル、13世紀）

武器を所持した危険なヤツ
（イングランド、15世紀）

マーマン

（フランス、15世紀）

クロコダイル

ラテン語名：cocodrillus

棲みか：ナイル川の沼地に潜む

長所：殺しに適した体格、殺し好き

短所：罪悪感を抱きやすい、ひどく自己批判的

美徳度：2　**キレイ度**：1　**危険度**：4

クロコダイルは鎧のような皮膚とサーベルのような歯をもつ恐ろしい生き物だ。川面に潜んで無防備な獲物を待ちかまえるが、一番の好物は人間である。昔からワニは獲物を食べるときに涙すると言われるが、それはどうしても食べずにはいられない彼らが、永遠に罪を免れないことを知って泣いているのだ[1]。人間もこれと同じで、私たちはなかなか悪癖から逃れられず、一度でもおいしいものを口にしたら、それをやめるのは容易ではない。

一方、クロコダイルには唯一の天敵としてヒドラというミズヘビがいる。彼らは眠っているクロコダイルの口から体内に入り込み、腹に穴を開けて死にいたらせる。

ここでのおもな教訓は2つ
1. なるべく罪を犯さないこと
2. 口を閉じて寝ること

1　多くの爬虫類〔本書では魚類に分類〕と同じく、クロコダイルにも涙管がある。ただ、彼らが涙を流すのは罪悪感からというよりも、水面上にいるときに目が乾かないようにするためだ。クロコダイルの脳に罪悪感につながる機能はないようだが、不安を感じる機能があることは確かだ。

「ちょっとお邪魔しま〜す!」

カタツムリ

ラテン語名：cochlea

棲みか：湿った場所にしかおらず、雨が降ると海中から地上に出る

長所：家賃の節約になる

短所：救いようがないほどのろまで、いつも取り残される

美徳度：3　**キレイ度**：2　**危険度**：1

　カタツムリはごく小さな粘液性の生き物で、非常にゆっくりしたペースで動くことから、葉や果実をじつに効率よく食べられる。あれだけのろのろした動きでも平気なのは、彼らの社会全体がのんびりしているためだ。どこへでも自分の家を背負って行くので、万一歩行者に蹴飛ばされても、毎晩の移動距離が2週間分稼げてかえって都合がいい。

　カタツムリの中には鮮やかな紫色の染料となる物質を分泌するものもある。しかし、そもそもカタツムリ自体が小さいうえ、ローブやマントどころか、ストッキングを染めるだけでもこの物質が大量に必要となるため、紫色で染めた衣服はきわめて高価だ。従って、あの貝紫色の服を着た人を見かけたら、その人は間違いなく富豪の有力者である。

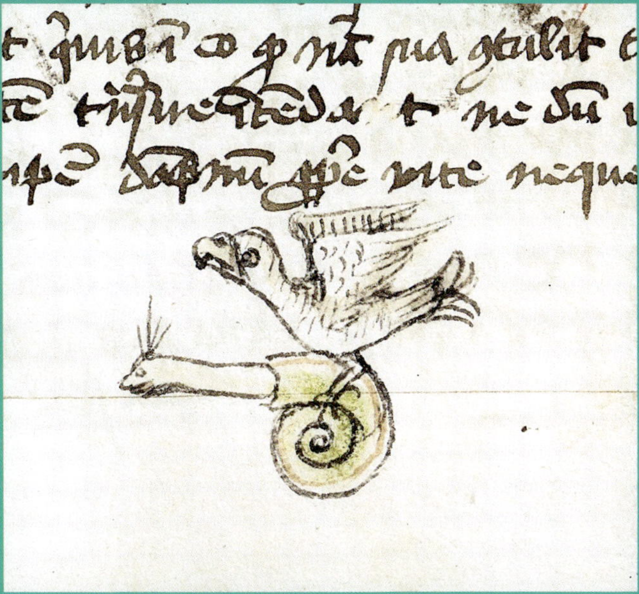

カタツムリはじつは空の自由に憧れ、殻で風を切るように飛びたいと夢見ている。

カタツムリの殻は外敵から身を守ってくれるが、体格のいい彼氏がいればなお安心だ。

KNIGHTS VS SNAILS

騎士vsカタツムリ

中世の写本の中であれこれと悪さをするのはウサギばかりではない。カタツムリもまた意外に暴力的な筋書きにしばしば登場し、騎士や戦士と対決する。両者のこうした決闘が何を表しているのかは、今なお歴史家たちを悩ませる謎となっている。

それは階級闘争を表していたのだろうか？　フランスへの反感だろうか？　それともたんにカタツムリが面白かっただけなのだろうか？　何世紀もまえの中世の挿し絵画家たちがなぜカタツムリの戦闘シーンを描くことになったのか。それは永遠に謎のままかもしれないが、残されたおかしな絵の数々は見ているだけで楽しめる。

注意：もともと甲冑がついている
カタツムリと裸で戦うのは無謀。
当然、カタツムリが優勢。

これこそカタツムリと一戦を
交えるのにふさわしい装いだ。

カタツムリへの攻撃
（フランス、15世紀）

殺し屋のカタツムリにはかなわない。
この騎士は早々に降伏し、
相手に慈悲を乞うている。
この絵のカタツムリはどこかで
空中浮揚の術を身につけたらしい。

「あのエスカルゴはひと晩では食べ切れないかもしれないが、
だからといって試さない手はない」

SERPENTS

爬虫類

地を這う生き物

爬虫類とは体を鱗と粘液で覆われた生き物のことだ。彼らが腹這いになって地を進むのは、その昔、イブをそそのかして禁断の果実を食べさせた罰とも言われる。爬虫類について好ましいところは少しもない——ほとんどは私たちにとって何の役にも立たないばかりか、ひどく危険で汚らわしい生き物だ。彼らはきわめて冷血で、猛毒のしたたる牙で獲物にためらうことなく襲いかかる。爬虫類とは間違っても親しくなろうとしないこと——神が連中をあのような姿にしたのは彼らが邪悪だからであり、それはどうしようもない。

しかし、彼らの邪悪さから学ぶことはできる。

なぜなら爬虫類をとおして、悪に染まったらどうなるかというこの世の真の恐怖を知ることができるからだ。私たちは彼らのごとくならないように祈り、悪をできるだけ遠ざけられるように彼らの邪悪さを知り、けっして彼らと並んで地を這うようなことがないように自戒することができる。

ドラゴン

ラテン語名：draco[1]

棲みか：最果ての地、丘や山の斜面にある洞窟の奥

長所：裏社会に顔が利く

短所：善良で神聖なものに見捨てられている

美徳度：1　**キレイ度**：2　**危険度**：5

邪悪な存在の中で悪魔がもっとも強大であるように、ドラゴンは爬虫類の中でもっとも強大だ。それは翼をもち、鱗に覆われた巨大な生き物で、餌食に向かって火を吐く。悪魔がかつて天使だったことから、ドラゴンもまた最初は翼をもった天の生き物だったかのように思えるかもしれない。しかし、たとえ空を飛ぶことができても、悪魔と同じく、ドラゴンがこの世の暗部に属し、罪のない人々を虎視眈々と地獄の深みへ陥れようとしているのは間違いない。

1　バイキングにはドラゴンの呼び名がいくつもあった――財宝の番人、薄闇の破壊者、忌むべき飛行体、民の災い、毒敵など

「マジで？　ドラゴンと？」

「やめてくれない？」

ヘビ

ラテン語名：serpens

棲みか：残念ながらあちこち

長所：女性的な手管に長け、売り込みがうまい

短所：腕がなくて情けない

美徳度：1　**キレイ度**：2　**危険度**：3

ヘビはぬるぬるした邪悪な生き物で、その毒牙は相手に苦悶の死をもたらす。地面にごく近い――つまり、地獄に近い――ところを棲みかとするのは、腕も脚もなく、土の上を腹這いになって動き回らなければならないからだ。

これまで多くの詩人や学者が女はヘビのようだと警告してきた。女は脚もあるし、腹這いになって動き回ることもない（と思う）が、ヘビと同じく、生まれつき罪や裏切りを犯しやすいと彼らは言っている。実際、最初に罪を犯したのはイブではなかったか？　もし女がいなければ、私たちは今もエデンの園で裸のままイチジクでも食べながら、ほかの動物たちと楽しく暮らしているだろう、と……。

もし女がヘビとは違うなら、
どうして両者はこんなに
よく似ているのだろう？

注意——ゴブレットに
口をつけるまえに、
中身がワインであることを
確認しよう。
ヘビなんて飲んだら大変だ。

サラマンダー

ラテン語名：salamandra

棲みか：火のあるところ

長所：火に強い

短所：驚くほど暖房費がかかる

美徳度：3　**キレイ度**：2　**危険度**：2

サラマンダーが爬虫類の中でもっとも破壊的とされるのは、猛毒をもつばかりか、一撃で多数の命を奪えるからだ。と言うのも、サラマンダーが触れたものはすべて致死毒素におかされるため、サラマンダーが這った果樹の実を口にした者はたちまち死にいたる。

また、サラマンダーは火の影響を受けないという驚くべき特性ももっている。事実、彼らは炎を追い求め、炎の中にとどまりたがる。サラマンダーの体はじつは非常に冷たく、そのせいで火が消えてしまう。鍛冶屋が炉になかなか火がつかないので中を覗いてみると、そこに犯人のサラマンダーがいたということもしばしばだ。

サラマンダーが高潔な魂の象徴と言われるのは、燃えさかる炉の中から天使に救い出されたという聖書に出てくる3人の若者のように、火の試練を受けても無傷でいるからだ。一方、罪人の象徴とも言われるのは、サラマンダーが地獄の魂のように、永遠に燃え続けて焼き尽くされることがないためだ。どちらが真実かはともかく、なかなかかっこいい。

「唾つけたもん勝ち」
ルールの乱用

3人の若者を炉へ
投げ入れた責任を
転嫁しようとする
ネブカドネザル王（左）と、
真犯人が誰かを示す
ダニエル（中央）

このサラマンダーは
爬虫類には見えないが、
「爬虫類」であるか
どうかは気持ちの
問題だ。

バシリスク

ラテン語名：regulus

棲みか：暗い洞窟か地中の汚い巣穴（毒で汚染されていて誰も近づけない）

長所：バイカルチャーに育ち、集団のリーダーとしての権威がある

短所：イタチ、フェレット、ミンク、オコジョに弱い

美徳度：1　**キレイ度**：1　**危険度**：5

バシリスクは雄鶏の頭と体に爬虫類の尾をもつ恐ろしい生き物だ。鶏とヘビの間に生まれた怪物で、鶏ほどの大きさにもかかわらず猛毒を吐くため、近づいた者は即死する。

バシリスクのラテン語名 regulus は「王」を意味する。これは爬虫類全体がバシリスクを支配者とみなし、攻撃しようとしない事実を説明するものだ。しかし、彼らはバシリスクを恐れているわけではない。バシリスクのカリスマ的魅力にただ惹かれているのだ。

一方、バシリスクの天敵がイタチであることは周知の事実だ。そのため、もしバシリスクに棲みつかれたら、イタチを捕まえてきて袋に押し込み、バシリスクの巣穴に投げ入れればいい。あとはイタチに任せるのみだ。

ただ、今度はいきなり連れ去られ、猛毒をもつバシリスクの洞窟に投げ込まれたイタチのほうに棲みつかれることになる。そうなったら事態が片づくまで、安心はできない。頑張ろう！

「あの子にお父さんの目と、
一撃で大人の男を殺せるお母さんの力が宿っていますように」

「オイ、足踏むなって」

カエル

ラテン語名：rana

棲みか：葉や泥や土に溶け込んでいる

長所：ほとんどない

短所：キモい

美徳度：1　**キレイ度**：1　**危険度**：5

カエルはじつに下劣で醜い生き物である。カエルの生態があまり知られていないのは、それを気にかける人が少ないからだろう。カエルは土くれしか食べないと言う人もいれば、土くれから自然発生したと言う人さえいる。いずれにせよ、カエルは土がないと生きられない。

カエルが不吉な予兆とされるのは、それが毒や偽りを象徴しているからだ。カエルは出エジプト記でファラオにもたらされた災いの一つであり、ヨハネの黙示録では竜と獣、偽預言者の口から飛び出したとされている。何とも経歴がよろしくない。

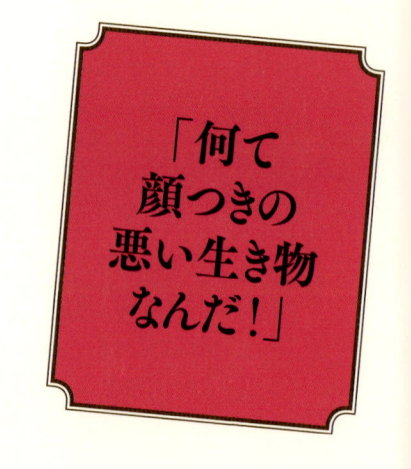

「何て顔つきの悪い生き物なんだ！」

「やあ、皆さん、私は偽預言者です！」

イカれたカエル（フランス、13世紀）

アンフィスバエナ

ラテン語名：amphisbaena

棲みか：その半身がいるところ

長所：ひとりぼっちにならない

短所：くっつきすぎ

美徳度：2　キレイ度：2　危険度：3

アンフィスバエナは体の両端に頭がある双頭のヘビで、それぞれに猛毒をもつ。この奇妙な生き物はどちらの方向へも好きに動けるため、不意に襲いかかることもできる。

ありとあらゆる不思議な特性をもつとされ、たとえば、アンフィスバエナの肉を食べると異性にやたらモテるようになるとか、満月の夜にアンフィスバエナを殺すと、その人物が純粋な心の持ち主であれば[1]特別な力が得られるという。また別の説によれば、妊娠出産を望む女性は生きたアンフィスバエナを首に巻くだけで、すんなりと身ごもり、安産できるという[2]。

1　そもそも個人的な利益のために罪のないヘビを殺すなんて動機が不純ではないか。
2　アンフィスバエナが生殖にどう作用するのかは不明。

ともに妊娠中のアンフィスバエナが互いの首に巻きついたら、
元気な赤ちゃんヘビがたくさん生まれるはず。

「あいつのことは放っておけ——不利な側に生まれたのを妬んでいるだけだ」

通常のコウモリ（イングランド、13世紀）

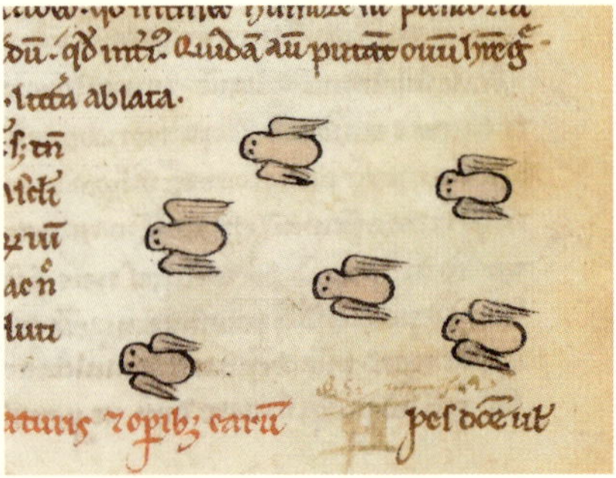

巣へと飛び立つピーナッツ（小物たち）
——それがミツバチだ（フランス、13世紀）

ズボンをはいたイノシシ
（フランス、14世紀）

最高にキュートに描かれたコウモリ
（イングランド、13世紀）

魚人（ペルシャ、16世紀）

ネコ魚（ペルシャ、16世紀）

IN THE END

この世の終わり

かつてこの世が創造されたのと同じように、やがて我々は終末を迎える……。
この世の終わりにはすべてが破壊される
——そこまでは私たちの多くが同意している。
しかし、どうやって終わるのかについてはさまざまな説がある。
ただ、ずっと昔、ある1人の預言者がそれについて当の本人から
すべてを聞いたと言った。つまり、神みずからがこの預言者に終末の様子を語り、
彼はそれを1冊の本に書き記した——ここから破滅の物語が始まる。
いったい何が起きるのだろう？　そう、まず天から火の雨が降りそそぐ。
そして全世界に死と破壊の種をまくために4人の騎士が現われる。

第一の騎士

白い馬に乗って現われ、
弓をもち、支配をもたらす。

第二の騎士

赤い馬に乗って現われ、
剣をもち、戦争をもたらす。

第三の騎士

黒い馬に乗って現われ、
秤をもち、飢饉をもたらす。

最後の騎士

青白い馬に乗って現われ、
陰府（よみ）を従えていた。
なぜならこの騎士の名は
「死」だから。

地と海から七つ頭のドラゴンや七つ頭の獣といった
忌まわしい者たちがやってきて、辺りをうろつき、
その汚れた口から冒瀆の言葉や偽預言、
カエルを吐き出す。
そして偽預言を信じ、これらの生き物に
忠誠を誓う人々の額には獣の刻印が押される。

ほかにも多くのことが起こるが、
最終的に世界はのみ込まれる
——死と混沌と破壊に。

もちろん、神はみずからの創造物を
すべて破壊するわけではない。
さすがにそこまではしない。
神に対してつねに忠実であれば、
ごく一部の者は救われる——
少なくとも、そう書かれている。
と言うのも、天の軍勢が悪の勢力と
戦うために地上に降りてくるからだ。

もし最後まで何とか踏ん張れば、
事態は必ず好転し始める。
だから偽預言者や獣に
耳を貸してはならない。
罪人に従ってはならない。
彼らは誰一人として
破滅から逃げられず、
やがてもと来た場所へ
送り返される。

そしてそのあとは？
この世は灰塵に帰し、
善良な人々だけが残ったら……。
ここからがいいところだ——
神みずからが地上へ戻り、
今度はもう離れない。
神はすべてを回復し、私たちは癒され、
この世は堕落するまえと同じように
再び楽園となる。

だが結局また最初の状態に戻るなら、
どうしてわざわざこんな大変な目に
遭わなければならなかったのか——
そんな疑問が聞こえてくる。

でも、それについては
また別の機会に……

解説

中世の写本には何が描かれていたのか

池上俊一

まだ印刷術がなかった中世の時代、本といえば写字生が羊皮紙や犢皮紙にインクを浸した羽ペンで文字を書き写していく、いわゆる写本のことだった。写本制作は主に修道士の仕事で、神への奉仕のひとつとして位置づけられた。王侯や都市当局など世俗支配者の文書室もあったが、豪華な写本は修道院の写字室（スクリプトリウム）で作られた。

修道院写字室で書き写される元になる作品の大半は、聖書や典礼書をはじめとするキリスト教関連のものだった。そして、そもそも羊皮紙自体が貴重だったし、そこに一字一字丹精込めて書いていく作業は数ヶ月、いや数年がかりの大仕事で、出来上がった写本は宝物のように大切にされた。

たんに「文字」を書くだけではなく、「挿し絵（ミニアチュール）」が描かれる写本を装飾写本あるいは彩飾写本と呼んでいる。金泥や銀泥、鮮やかな青のラピスラズリなど高価な材料が使われれば、その価値はいよいよ高まった。装飾写本自体は古代末期から存在したが、中世を経過するにつれて優雅な線を駆使したミニアチュールは精緻化し、写実的になっていった。全ページ大の堂々たるミニアチュールが作成されることもあれば、作品冒頭や段落最初の文字をひときわ大きく書いて、その中に絵を描き込んだり欄外を植物文様で埋めたりすることもあった。

もともと字を写す人物と絵を描く人物は同一人で、修道院の写字生だったのだが、13世紀になると、修道院でも都市の写本工房でも専門の写本絵師が現れた。そして写本絵師は、自分では文字を写さず、すでに文字が書かれてある写本の与えられたスペースに絵や模様を描き入れるようになったのである。また同時に写本の種類も増加して、修道院・教会で典礼に使われる写本のほかに、文学作品の写本や個人用の時禱書なども増えていった。

写本の字を書く人と絵を描く人の分離が、その絵に新たな役割を与えることになった。つまり写本絵師は、たんに注文主の意向を反映した決められた主題を大きなスペースに造形するだけではなく、イニシャル部分や欄外部分に自由裁量で好きな絵や模様を描くことができるようになり、そこに「遊び」が入り込む余地が生まれたのである。ルネサンス期以前には、画家はいささか卑しい職業と見られており、写本制作の文字担当者と絵画担当者とが分離した後には、見下されがちの後者が密かな復讐をしようと思い立ったのではなかろうか。

いずれにせよこの時期以降、写本の挿し絵（ミニアチュール）には、性格の大きく異なる2種類が存在することになった。一方には、文字で記されている作品内容と密接に関係し、そのテクストを補い理解を容易にするための絵があった。つまり聖書の写本なら関連エピソードのシーンとか福音書記者などが描かれるし、時禱書ならばイエスやマリアの生涯、黄道十二宮、暦に関係する聖人や季節の自然・労働風景などが添えられる。また年代記の写本なら支配者たる王侯の肖像や都市の景観、戦争・暴動・奇瑞(きずい)などの場面が、さらに動物誌の写本ならおのおのの動物が大きく描かれたりする。これらは、文字で記された内容を視覚的に分かりやすく表現しており、一種のイラストと見なせるだろう。

しかし他方では、とりわけイニシャル装飾や欄外装飾部分に、テクストや大判の主要ミニアチュールとまったく関係のなさそうな、空想的でグロテスク、いやエロチックでさえあるモチーフが小さいながらも勇躍するようになった。これらは「ドロルリー」と呼ばれ、中世半ばからフランス・イギリス中心に広まり中世末にかけて大流行した。

具体的には、アクロバチックな仕草や滑稽な顔つきの悪魔や動物のほか、半身が動物で半身が人間の怪物、楽器を奏でる道化、大人の騎馬槍試合を真似する子どもたちなどが動き回り、修道士や修道女もコケにされて酔っ払いふしだらな格好をしている。性器や糞尿の描写も遠慮会釈なしに登場する。本書『写本で楽しむ 奇妙な中世ヨーロッパ』で取り上げられている数々の絵には、文字情報を補足・解説する主要テーマを描いたものもあるが、過半はこの遊び心が溢れた隙間芸術に属している。

教会・修道院での厳かな儀式に用いられる聖書・典礼書・定式書などに、どうして生真面目で厳格な主要ミニアチュールと、それとは雰囲気の真逆な巫山戯(ふざけ)た図像が同居しているのだろうか。この隙間からの中央への異議申し立ては、上に述べたように、文字を書く人より一段下に見られた絵師の意趣返し・気晴らしというふうにも考えられるし、キリスト教以前の異教のエネルギーないし民衆文化がそこに滲み出ているとも想像できる。

しかしそれほど単純な事態ではなかったのかもしれない。つまり写本絵師は厳粛・生真面目な領域をまったく自由に侵犯しているわけではなく、分を弁えているというか、ルールに則ってちょっかいを出しているからである。ドロルリーは大判の主要ミニアチュールの位置を占めることはけっしてなく、いずれも「欄外」の小さなスペースに限られていて、描き方の規則もちゃんとあった。また異教的・民俗的ではあっても、異端的な思想はそこには読み取れない。だから教会当局はたんに大目に見ていたということではなく、戦略として自分に対抗するパロディーや民衆的な註解、権威の引き下ろしを積極的に促していたのであり、中心部と周縁部の間の行き来の中に観者の視線と感情を運動させることで、中心部とそれを支える権威がパッタリ倒れないようにしていたのではないか。信徒たちに小さな愚弄を許すことにより、それと一見対立する中心規範をより大きな力で復権させ強化させようと狙っていたのではないのか。まさに異教的習俗をキリスト教の暦の枠組み内部に取り込むことで飼い馴らそうとしたカーニヴァルや愚者祭をはじめとする祝祭とおなじ機能を、ドロルリーが果たしていたと言い換えることもできそうだ。

しかしながら、まさに祭りが暴動へと発展することがありえたように、教会当局の意図する図像ヒエラルキーの一時的転倒が起き上がり小法師のように起き上がらず、決定的に倒れてしまう恐れはつねにあったので、これは薄氷を踏むような戦略だったとも言えよう。

本書に数多く集められた写本の絵をつぎつぎ眺めながら、「世にも奇妙な中世人」の生き生きとした姿を堪能するのは結構だし、それだけでも、暗い時代と誤解されつづけてきたヨーロッパ中世の新たな面を発見できて意義深いことだとは思う。だが、そこからさらに新たな問いを始めて、複雑で奥深い中世世界の探査に乗り出す人が増えてくれればと、私は願っている。

図版クレジット

p.6 London, British Library, Harley 4431, fol. 95
p.8 Los Angeles, J. Paul Getty Museum, MS 33, fol. 4v
p.10 Los Angeles, J. Paul Getty Museum, MS 33, fol. 5v
p.10 Los Angeles, J. Paul Getty Museum, MS 33, fol. 5v
p.10 Los Angeles, J. Paul Getty Museum, MS 33, fol. 299
p.11 Los Angeles, J. Paul Getty Museum, MS 33, fol. 299v
p.12-13 London, British Library, Add. 15760, fol. 68v-69r
p.14 London, British Library, Add 49999, fol. 40v
p.15 Los Angeles, J. Paul Getty Museum, MS 37, fol. 67v
p.16 Baltimore, Walters Art Museum, W.307, fol. 26r
p.21 Yale, Beinecke Library, MS 425, fol. 48r
p.22 London, British Library, Royal 6 E. VI, fol. 85v
p.23 Cleveland, Cleve- land Museum of Art, 1964.4, fol. 125r
p.24 Los Angeles, J. Paul Getty Museum, MS Ludwig VI 2, fol. 148v
p.25 Cleveland, Cleve- land Museum of Art, 1964.4, fol. 230r
p.27-29 Los Angeles, J. Paul Getty Muse- um, MS Ludwig IX 18, fol. 2-7
p.30 Paris, National Library of France, Latin 920, fol. 180r
p.31 Los Angeles, J. Paul Getty Museum, MS Ludwig III 1, fol. 36v
p.31 London, British Library, Royal 2 B. VII, fol. 318
p.31 London, British Library, Yates Thompson 7, fol. 174
p.31 London, British Library, Add. 48988, fol. 52
p.32 London, British Library, Royal 19 D. I, fol. 4v
p.32 Los Angeles, J. Paul Getty Museum, MS 33, fol. 75
p.32 London, British Library, Harley 2923, fol. 66
p.32 London, British Library, Royal I E. IX, fol. 148
p.33 London, British Library, Royal 15 E. VI, fol. 20v
p.33 London, British Library, Royal 19 B. XV, fol. 30v
p.33 Baltimore, Walters Art Museum, W.117, fol. 8v
p.33 London, British Library, Yates Thompson 15, fol. 155
p.34 London, British Library, Cotton Vespasian B. II, fol. 4v
p.37 London, British Library, Arundel 93, fol. 155
p.39 London, British Library, Royal 16 F. II, fol. 73
p.41 New York, Met Museum, 1975.1.2490
p.43 Baltimore,Walters Art Museum, W.658, fol. 185b-186a
p.44 London, British Library, Royal 20 C. VII, fol. 208v
p.45 Los Angeles, J. Paul Getty Museum, MS Ludwig IX 5, fol. 197
p.45 London, British Library, Harley 4425, fol. 140
p.45 Baltimore, Walters Art Museum, W.435, fol. 57r
p.45 Los Angeles, J. Paul Getty Museum, MS 2, fol. 175v
p.46 London, British Library, Stowe 955, fol. 9a
p.46 London, British Library, Royal 6 E. VI, fol. 286v
p.47 London, British Library, Add. 42130, fol. 166v
p.47 London, British Library, Add. 42130, fol. 87v
p.48 London, British Library, Royal 14 E. II, fol. 338
p.48 Los Angeles, J. Paul Getty Museum, MS Ludwig IX 18, fol. 6v
p.50 Stuttgart, Württembergische Landesbibliothek, Cod. Don.123, fol. 121v
p.51 London, British Library, Add. 42130, fol. 82
p.51 London, British Library, Sloane 2435, fol. 44v
p.52 Baltimore, Walters Art Museum, W.88, fol. 169r
p.52 Baltimore, Walters Art Museum, W.82, fol. 42r
p.52 Baltimore, Walters Art Museum, W.440, fol. 91r
p.52 Baltimore, Walters Art Museum, W.88, fol. 186r
p.53 Paris, National Library of France, Français 12399, fol. 99r
p.53 London, British Library, Yates Thompson 13, fol. 94v
p.53 London, British Library, Yates Thompson 13, fol. 106v
p.54 Los Angeles, J. Paul Getty Museum, MS Ludwig IX 16 , fol. 5
p. 57, 59 London, British Library, Harley 4431, fol. 376
p.60 London, British Library, Yates Thompson 13, fol. 167v
p.60 London, British Library, Stowe 17, fol. 106r
p.61 London, British Library, Royal 10 E. IV, fol. 313v
p.61 London, British Library, Egerton 881, fol. 141v
p.63 Heidelberg, University Library, Cod. Pal. germ. 848, fol. 178r
p.63 Los Angeles, J. Paul Getty Museum, MS 33, fol. 55v
p.66 London, British Library, Royal 10 E. IV, fol. 139
p.67 London, British Library, Harley 4425, fol. 24
p.67 London, British Library, Royal 16 G. VI, fol. 362
p.67 Los Angeles, J. Paul Getty Museum, MS 81, fol. recto
p.67 London, British Li- brary, Yates Thomp- son 26, fol. 1v
p.69 London, British Library, Harley 5294, fol. 43
p.70 London, British Library, Harley 4431, fol. 150
p.70 London, British Library, Harley 4431, fol. 98v
p.71 London, British Library, Royal 19 B. XVII, fol. 109
p.71 London, British Library, Royal 20 A. XVII, fol. 14v
p.71 London, British Library, Harley 4425, fol. 30v
p.71 London, British Library, Royal 16 G. V, fol. 93
p.73 London, British Library, Royal 6 E. VI, fol. 104
p.73 London, British Library, Egerton 881, fol. 128v
p.73 London, British Library, Royal 14 E V, fol. 94
p.76 Los Angeles, J. Paul Getty Museum, MS 109, fol. 156
p.78 Stuttgart, Württembergische Landesbibliothek, Cod.Don. A.III.54, fol. 117v
p.78 Stuttgart, Württembergische Landesbibliothek, Cod.Don. A.III.54, fol. 108v
p.79 Stuttgart, Württembergische Landesbibliothek, Cod.Don. A.III.54, fol. 121v
p.79 Stuttgart, Württembergische Landesbibliothek, Cod.Don.

A.III.54, fol. 126v
p.79 Stuttgart, Württembergische Landesbibliothek, Cod.Don. A.III.54, fol. 94v
p.79 Stuttgart, Württembergische Landesbibliothek, Cod.Don. A.III.54, fol. 116v
p.80 London, British Library, Royal 20 C. IV, fol. 198
p.80 London, British Library, Yates Thompson 13, fol. 68v
p.81 London, British Library, Royal 6 E. VI, fol. 58v
p.81 Yale, Beinecke Library, MS 229, fol. 282v
p.81 Los Angeles, J. Paul Getty Museum, MS 2, fol. 13v
p.82 Darmstadt, University Library, Hs 2505, fol. 55r
p.83 Baltimore, Walters Art Museum, W.88, fol. 115v
p.83 Los Angeles, J. Paul Getty Museum, MS Ludwig IX 5, fol. 155
p.83 London, British Library, Royal 16 G. VI, fol. 309r
p.83 Los Angeles, J. Paul Getty Museum, MS Ludwig XIV 9, fol. 34
p.85 London, British Library, Royal 10 E. IV, fol. 18v
p.85 London, British Library, Lansdowne 451 , fol. 234
p.86 Paris, National Library of France, Arabe 3929 , fol. 122r
p.89 Philadelphia, UPenn, MS Codex 109, fol. 137r
p.90 Copenhagen, Royal Library, MS Thott 290, fol. 14v
p.91 Los Angeles, J. Paul Getty Museum, MS 63, fol. 282
p.92 Augsburg, University Library, Cod. I.2.2° 24, fol. 62r
p.92 Heidelberg, University Library, Cod. Pal. germ. 848, fol. 189v
p.93 Los Angeles, J. Paul Getty Museum, MS 33, fol. 184v
p.93 London, British Library, Royal 18 E. I, fol. 172
p.93 London, British Library, Royal 17 F. II , fol. 344
p.94 London, British Library, Royal 14 E. IV, fol. 267v
p.95 Copenhagen, Royal Library, MS Thott 290, fol. 80v
p.95 Copenhagen, Royal Library, MS Thott 290, fol. 82v
p.95 Copenhagen, Royal Library, MS Thott 290, fol. 81v
p.98 London, British Library, Harley 4375, fol. 141
p.99 London, British Library, Royal 16 G. V, fol. 23v
p.99 London, British Library, Yates Thompson 13, fol. 178
p.100 London, British Library, Royal 16 G. VI, fol. 161
P.100 London, British Library, Yates Thompson 13, fol. 156
P.101 London, British Library, Royal 2 B. VII, fol. 221
P.101 Los Angeles, J. Paul Getty Museum, MS Ludwig XI 7, fol. 64
P.101 London, British Library, Royal 16 G VI, fol. 424v
P.104 Cleveland, Cleve- land Museum of Art, 1963.256, fol. 24v
P.104 London, British Library, Add. 25698, fol. 7
P.105 New York, Met Museum, 69.86, fol. 331r
p.106LP. 101 Los Angeles, J. Paul Getty Museum, MS 64, fol. 117
p.108 Los Angeles, J. Paul Getty Museum, MS 101, fol. 103v
p.110 Los Angeles, J. Paul Getty Museum, MS 100, fol. 8
p.111 London, British Library, Royal 12 F. XIII, fol. 5v
p.112 Los Angeles, J. Paul Getty Museum, MS 27, fol. 23v
p.112 Los Angeles, J. Paul Getty Museum, MS 100, fol. 18v
p.113 London, British Library, Royal 2 B. VII, fol. 120v-121
p.113 London, British Library, Royal 12 F. XIII, fol. 29
p.114 London, British Library, Harley 3244, fol. 49v
p.115 Los Angeles, J. Paul Getty Museum, MS 100, fol. 10
p.115 London, British Library, Burney 97, fol. 25
p.115 Rome, Biblioteca Casanatense, MS 459, fol. 97r
p.116 London, British Library, Add. 42130, fol. 179
p.117 Yale, Beinecke Library, MS 404, fol. 51r
p.118 London, British Library, Royal 12 F. XIII, fol. 26v
p.119 London, British Library, Royal 10 E. IV, fol. 49v
p.119 London, British Library, Royal 10 E. IV, fol. 48v
p.120 Zürich, Central Library, Ms Rh hist 161, page 87
p.121 Baltimore, Walters Art Museum, W.438, fol. 161v
p.121 Paris, Bibliotheque Mazarine, MS 62, fol. 70v
p.121 Yale, Beinecke Library, MS 404, fol. 148r
p.122 London, British Library, Burney 97, fol. 20v
p.123 Oxford, Bodleian Library, MS Bodl. 764, fol. 22v
p.125 Los Angeles, J. Paul Getty Museum, MS 33, fol. 229v
p.125 London, British Library, Sloane 2435, fol. 48v
p.126 London, British Library, Royal 12 F. XIII, fol. 24v
p.127 London, British Library, Royal 12 C. XIX, fol. 29v
p.127 Los Angeles, J. Paul Getty Museum, MS 100, fol. 27v
p.128 London, British Library, Royal 10 E. IV, fol. 44
p.129 Los Angeles, J. Paul Getty Museum, MS Ludwig IX 5, fol. 98
p.129 London, British Library, Add. 42130, fol. 64v
p.130 Los Angeles, J. Paul Getty Museum, Ludwig IX 19, fol. 143v
p.131 Master of the Baden Carnation. Altarpiece of Passion. 15th century, Museum of Fine Arts, Dijon.
p.131 London, British Library, Royal 20 A. II, fol. 8v
p.131 London, British Library, Royal 20 A. II, fol. 8v
p.132 Los Angeles, J. Paul Getty Museum, MS Ludwig IX 8, fol. 11
p.133 London, British Library, Burney 97, fol. 19v
p.133 Los Angeles, J. Paul Getty Museum, MSLudwigXV4, fol. 119
p.134 Los Angeles, J. Paul Getty Museum, MS 100, fol. 17v
p.135 London, British Library, Royal 12 F. XIII, fol. 11v
p.136 London, British Library, Royal 19 D. III, fol. 5v
p.138 London, British Library, Royal 12 C XIX, fol. 38
p.139 London, British Library, Royal 12 F. XIII, fol. 49
p.139 London, British Library, Yates Thompson 36, fol. 162
p.140 Los Angeles, J. Paul Getty Museum, MS Ludwig XV 3, fol. 78
p.140 Los Angeles, J. Paul Getty Museum, MSLudwigXV4, fol. 81v
p.141 London, British Library, Add. 62925, fol. 86v
p.142 Paris, National Library of France, Français 12400, fol. 75v
p.143 London, British Library, Royal 2 B. VII, fol. 91v
p.143 Oxford, Bodleian Library, MS Ashmole 304, fol. 47v

p.144 Los Angeles, J. Paul Getty Museum, MS Ludwig XV 4, fol. 49v
p.145 London, British Library, Harley 4751, fol. 41v
p.146 Los Angeles, J. Paul Getty Museum, Ms. Ludwig XV 3, fol. 74v
p.147 London, British Library, Royal 2 B. VII, fol. 93v-94
p.147 Los Angeles, J. Paul Getty Museum, MS 100, fol. 41v
p.148 Los Angeles, J. Paul Getty Museum, MS 100, fol. 38v
p.149 London, British Library, Harley 3448, fol. 10v
p.149 London, British Library, Yates Thomp- son 12, fol. 120
p.150 Los Angeles, J. Paul Getty Museum, MS Ludwig XV 4, fol. 21v
p.151 Los Angeles, J. Paul Getty Museum, MS 100, fol. 41
p.152 London, British Library, Harley 4751, fol. 47
p.153 Baltimore, Walters Art Muse- um, W.82, fol. 184r
p.153 London, British Library, Royal 19 D. III, fol. 266
p.154 Los Angeles, J. Paul Getty Museum, MS Ludwig XV 3, fol. 71
p.154 London, British Library, Harley 3244, fol. 52
p.155 Los Angeles, J. Paul Getty Museum, MS 100, fol. 40
p.155 London, British Library, Eger- ton 613, fol. 34r
p.155 London, British Library, Harley 4751, fol. 40
p.155 London, British Library, Sloane 3544, fol. 24
p.157 London, British Library, Yates Thompson 26, fol. 10v
p.158 London, British Library, Yates Thompson 27, fol. 28v
p.158 London, British Library, Yates Thompson 28, fol. 44r
p.159 London, British Library, Yates Thompson 29, fol. 14r
p.159 London, British Library, Yates Thompson 30, fol. 24r
p.160 Philadelphia, UPenn, Oversize LJS 419, fol. 42r
p.160 Philadelphia, UPenn, Oversize LJS 419, fol. 77r
p.161 Bosch, Hieronymus. The Garden of Earthly Delights. 1490-150, Prado Museum, Madrid.
p.162 Los Angeles, J. Paul Getty Museum, MS 100, fol. 48v
p.164 London, British Library, Add. 11639, fol. 518v
p.165 Los Angeles, J. Paul Getty Museum, Ms. Ludwig XIII 5, v1, fol. 35
p.166 Los Angeles, J. Paul Getty Museum, MSLudwigXV3, fol. 89v
p.166 Darmstadt, University Library, Hs 2505, fol. 61r"
p.167 Paris, National Library of France, Français 145, fol. 7v
p.168 London, British Library, Harley 3954, fol. 31v
p.169 London, British Library, Royal 13 B. VIII, fol. 9
p.169 London, British Library, Add. 42130, fol. 181
p.170 London, British Library, Add. 18852, fol. 102
p.171 Cleveland, Cleveland Muse- um of Art, 1964.4, fol. 193r
p.171 London, British Library, Harley 5648, fol. 142v
p.172 Baltimore, Walters Art Muse- um, W.37, fol. 190v
p.173 Los Angeles, J. Paul Getty Museum, MS Ludwig IX 5, fol. 14v
p.173 Cleveland, Cleveland Muse- um of Art, 1964.4, fol. 168r
p.173 Edinburgh, University Library, Db. 3.20, fol. 25v
p.173 Baltimore, Walters Art Muse- um, W.37, fol. 187v
p.174 Oxford, Bodle- ian Library, MS Bodl. 764, fol. 51r
p.175 Oxford, Bodle- ian Library, MS Douce 337, fol. 11v
p.176 London, British Library, Royal 12 F. XIII, fol. 24
p.177 London, British Library, Harley 4751, fol. 62v
p.178 London, British Library, Stowe 17, fol. 185
p.179 Los Angeles, J. Paul Getty Museum, MS Ludwig IX 16, fol. 60
p.179 Los Angeles, J. Paul Getty Museum, MS Ludwig XV 1, fol. 47v
p.180 Baltimore, Walters Art Muse- um, W.90, fol. 39r
p.180 London, British Library, Yates Thomp- son 19, fol. 65r
p.181 Paris, National Library of France, Velins-518
p.181 London, British Library, Add 49622, fol. 162v, 193v
p.181 Los Angeles, J. Paul Getty Museum, MS 124, fol. 32
p.182 Los Angeles, J. Paul Getty Museum, Ms. 77
p.184 Los Angeles, J. Paul Getty Museum, MS Ludwig IX 5, fol. 104v
p.184 Los Angeles, J. Paul Getty Museum, MS 5, fol. 27v
p.185 London, British Library,Burney 169, fol. 14
p.185 London, British Library, Harley 2830, fol. 7
p.186 Los Angeles, J. Paul Getty Museum, MS 33, fol. 103
p.187 Los Angeles, J. Paul Getty Museum, MS 63, fol. 3
p.187 London, British Library, King's 9, fol. 30v
p.188 Los Angeles, J. Paul Getty Museum, MS 100, fol. 58
p.189 London, British Library, Royal 2 B. VII, fol. 117
p.189 Los Angeles, J. Paul Getty Museum, MS 33, fol. 212v
p.189 Los Angeles, J. Paul Getty Museum, MS Ludwig XV 3, fol. 95v
p.190 New Haven, Yale Center for British Art, Folio C 2014 4, fol. 18v
p.191 London, British Library, Royal 2 B. VII, fol. 187v
p.191 Los Angeles, J. Paul Getty Museum, MS 100, fol. 54v
p.192 Zürich, Central Library, Ms Rh hist 161, page 184
p.193 Paris, National Library of France, Latin 8878, fol. 184v
p.193 Paris, National Library of France, Latin 1226(1), fol. 44v
p.194 Los Angeles, J. Paul Getty Museum, MS 100, fol. 58v
p.195 London, British Library, Royal 2 B. VII, fol. 138v
p.195 Los Angeles, J. Paul Getty Museum, MS 138, fol. 94
p.196 London, British Library, Add. 36684, fol. 31r
p.196 Paris, National Library of France, Latin 6838B , fol. 29v
p.196 London, British Library, Harley 3244, fol. 55v
p.197 Tehran, The National Library and Archives of Iran. Retrieved from the Library of Congress.
p.197 Tehran, The National Library and Archives of Iran. Retrieved from the Library of Congress.
p.198 London, British Library, Add. 17333, fol. 10v
p.199 London, British Library, Royal 19 B. XV, fol. 9v-10v
p.200 London, British Library, Royal 19 B. XV, fol. 30v
p.201 London, British Library, Add. 17333, fol. 43
p.201 London, British Library, Royal 15 D. II, fol. 117v

謝辞

本書がこうして存在するのは、かつて筆をとり、羊皮紙に向かってここに収録された作品を描いてくれた「世にも奇妙な」実在の中世人の方々のおかげである。従って、私は紀元5世紀から15世紀頃に生きた人々全員に感謝し、とくにクリスティーヌ・ド・ピザン、ボッカチオ、第2代ヨーク公エドワード、聖カスバート、ヒエロニムス・ボス、そして征服王ウィリアム――アングロ＝サクソン人への仕打ちではなく、世界初の土地台帳ドゥームズデイ・ブックを編纂したことに対して――に謝意を捧げたい。

また、本書の図版はいずれもデジタル化され、ネット上で公開されている何千という中世の写本の中から選んだものだが、これらの写本を何年もかけて世界中の誰もが見られるようにしてくれた人々や団体にも深謝したい。

さらに、優れたひらめきをもつ母とスコーン作りが得意な父、そして2人の計り知れない知恵と忍耐と愛情にも感謝したい。こうした家族や素晴らしい友はもちろん、本書の執筆中、メールの返信ができなかった一人一人に対して、私はそのことを申し訳なく思うとともに、彼らがそれでも与えてくれたこの1年の絶え間ない支援と思いやりをありがたく思う。なかでも、パートナーのダニエルの存在は大きく、彼がいなければ、私は爆発していたに違いない。

一方、代理人のトム・キリンベックをはじめ、スクエア・ペグの面々は誰もが魔術師のように有能で、私の理解を超えるパワーでもって本書をまさに魔法のように誕生させてくれた。

最後に何よりも重要なこととして、「世にも奇妙な中世人（Weird Medieval Guys）」のアカウントをフォローし、温かい言葉と熱意によって運営を盛り上げてくれた約70万人（以上!）もの人々に心からお礼を申し上げたい。

オリビア・スウォーサウト

【著】オリビア・スウォーサウト Olivia Swarthout
ネット上で屈指の歴史マニアとして知られ、ほとんど目にすることのない中世のアートや暮らしの断片を求めてウェブ上を徘徊し、X（旧ツイッター）やインスタグラムの「世にも奇妙な中世人（Weird Medieval Guys）」のアカウントをとおしてそれを世界に発信してきた。著者の母親によれば「キュレーションの才能」があるという彼女は、こうしたプラットフォームを使っていわゆる「暗黒の中世」に光を当て、遠い過去をより身近なものにしている。ロッキー山脈がそびえる米国モンタナ州に生まれ、以降ベルリンやグラスゴー、ロンドンで長年を過ごしてきた今も、カウボーイ・ブーツと大自然をこよなく愛している。現在はロンドン在住。

【解説】池上俊一 いけがみ・しゅんいち
1956年生まれ。東京大学名誉教授。専攻は西洋中世史・ルネサンス史。主な著書に『魔女狩りのヨーロッパ史』（岩波新書）、『歴史学の作法』（東京大学出版会）、『ロマネスク世界論 』、『ヨーロッパ中世の想像界』（以上2著、名古屋大学出版会）など。

【訳】高尾菜つこ たかお・なつこ
翻訳家。南山大学外国語学部英米科卒業。主な訳書にスーシェ『ポワロと私：デビッド・スーシェ自伝』、ジョーンズ『中世英国人の仕事と生活』、ケリガン『図説ケルト神話伝説物語』（以上、原書房）などがある。

写本で楽しむ 奇妙な中世ヨーロッパ

2024年9月20日　初版印刷
2024年9月30日　初版発行

著　者　オリビア・スウォーサウト
訳　者　高尾菜つこ
装丁者　松田行正＋山内雅貴
発行者　小野寺優
発行所　株式会社河出書房新社
〒162-8544　東京都新宿区東五軒町2-13
電話（03）3404-1201［営業］（03）3404-8611［編集］
https://www.kawade.co.jp/
組　版　株式会社キャップス
印　刷　TOPPANクロレ株式会社
製　本　加藤製本株式会社

Printed in Japan
ISBN978-4-309-22935-5